IRLAND

Bilder von
Karl-Heinz Raach
Texte von
Ernst-Otto Luthardt

nn
mm
ll
kk
ii
hh
gg
ff
ee
dd
cc
bb

ANNO
LITERARIA INSTR
INSUPER SUPELLE

Erste Seite:
Da sich die Duggerna Rocks dem Atlantik in den Weg stellen, ist die Küste vor Kilkee relativ geschützt. Diesen Vorzug wissen vor allem die Sporttaucher zu schätzen.

Seite 2/3:
Am Parkmore Point bei Dingle. In der Republik Irland und in Nordirland leben zusammen etwa fünfeinhalb Millionen Menschen – und doppelt so viele Schafe, deren Zahl sich in den letzten zwei Jahrzehnten versiebenfacht hat.

Seite 4/5:
Die Old Library im Dubliner Trinity College birgt knapp drei Millionen gedruckte Bücher und rund 5000 Handschriften. Hier gibt es auch den Höhepunkt irischer Buchmalerei, das aus dem 8. Jahrhundert stammende legendäre Book of Kells, zu bestaunen.

INHALT

Seite 8/9: Blick auf die White Park Bay an der Antrim-Küste. Schutzsuchend schmiegt sich das malerische Fischerdörfchen Portbradden – „Lachshafen" – an eine hohe Felswand.

Seite 10/11: Coppinger's Court im County Cork stammt aus dem frühen 17. Jahrhundert. Der repräsentative viergeschossige Bau wurde bereits 1641, nur kurze Zeit nach seiner Fertigstellung, geplündert und niedergebrannt.

Sehnsuchtsort – Irland

Auf der etwa 17 Hektar großen Insel Skellig Michael gibt es praktisch nichts außer felsigem Gestein. Die Mönche, die hier im 6. Jahrhundert eine klösterliche Gemeinschaft gründeten, waren also auch Überlebenskünstler. Und sie mussten schwindelfrei sein. Little Skellig, im Hintergrund, gehört ausschließlich den Vögeln. Mit rund 27 000 Brutpaaren zählt die Basstölpelkolonie zu den größten der Welt.

Sehnsuchtsort – Irland

Von der knapp 85 000 Quadratkilometer großen Insel gehören circa 14 000 zum britischen Nordirland. Ihre größte Nord-Süd-Ausdehnung beträgt fast 500; die zwischen dem Westen und dem Osten nicht ganz 300 Kilometer. Wer die vielfach eingeschnittene Küstenlinie bis in den kleinsten Winkel ablaufen wollte, müsste circa 3200 Kilometer auf sich nehmen. Doch die beeindruckende Naturszenerie würde auf alle Fälle für die Mühsal entschädigen. So finden sich hier mächtige Klippen, die zu den höchsten unseres Kontinents zählen. Dazwischen zahlreiche Buchten und Strände mit feinstem Sand. Immer wieder bestimmen Gebirgszüge das Bild der Landschaft. Der Carrantuohill in den Macgillycuddy's Reeks ist dem Himmel fast 1050 Meter näher als der Meeresspiegel. Während im Nordosten der Insel größtenteils der Basalt regiert, sind die Wicklow Mountains im Südosten vorwiegend aus Granit, die Berge im Süden indessen aus rotem Sandstein gemacht. Doch auch der Karst unterhält eine irische Berg-Dependance. Sie trägt den Namen Burren und findet sich in der westlich gelegenen Grafschaft Clare. Bliebe noch zu erwähnen, dass sich hier zahlreiche Hügel und Erhebungen auch einzelgängerisch geben. Kegelförmig zumeist, findet man sie in den Counties Donegal, Mayo und Galway besonders häufig. Zurück zum Kalkstein. Aus ihm ist ein großer Teil des Zentralen Tieflandes gemacht. Für dessen blaue Äderung sorgt im Westen das ausgedehnte Fluss- und Seengebiet des Shannon und im Osten des Boyne.

Obwohl nicht ganz so hoch und so groß wie die Cliffs of Moher, sind die Klippen von Loop Head nicht weniger grandios. Vor allem kann man hier mit der Natur relativ ungestört Zwiesprache halten.

Die Anreise

Am allerschnellsten bringt einen natürlich der Flieger auf die Grüne Insel. So unterhält die Lufthansa von verschiedenen deutschen Städten Direktverbindungen. Deutlich preiswerter ist es, einen Zwischenstopp in London in Kauf zu nehmen und von dort nach Dublin weiterzureisen. Denjenigen, die mit dem Auto kommen wollen, bieten sich verschiedene Varianten: Die bequemste ist, in Frankreich eine der Direktfähren zu buchen. Dann ist man fast einen ganzen Tag auf See. Kürzer und billiger ist es, von Calais nach Dover überzusetzen und dann von England auf die Insel.

Eine andere Variante wäre die Überfahrt mit den Elfen und Geistern. Doch das ist eine echte Glaubenssache. Und außerdem nicht ungefährlich. Gilt es doch nicht nur, sich auf Binsen, Strohhalmen, Farnkräutern oder Kohlstrünken einzurichten, sondern auch dafür Sorge zu tragen, dass man nicht loslässt. Außerdem wäre es gut zu wissen, dass einen die meisten Geister hereinlegen wollen. Und zwar, indem sie gleich drei Varianten der Beförderung anbieten: nämlich unter dem Wind, über dem Wind oder mit dem Wind. Dazu ist anzumerken, dass nur die letzte etwas taugt. Laufen doch diejenigen, die sich für die Fahrt über dem Wind entscheiden, Gefahr, so hoch hinausgetragen zu werden, dass sie überhaupt nicht mehr auf die Erde zurückkommen. Und denen, die stattdessen die Variante unter dem Wind wählen, geht es im Grunde nicht viel besser – im Gegenteil. Stehen doch ihrem Tiefflug nicht selten Sträucher, Bäume oder Häuser im Weg.

Monster und Götter

Nach dem „Buch der Eroberungen", einem der drei großen Sagenzyklen, soll es sich bei den ersten, die Irland besiedelt haben, um eine merkwürdige Gesellschaft aus drei Männern und fünfzig Frauen gehandelt haben. Ihnen folgte ein gewisser Partholón mit seinen Leuten, die jedoch – bis auf einen – von einer Seuche hinweggerafft wurden. Sein Nachfolger war Nemed mac Agnomain, der sich – wie auch schon Partholón – mit den Fomoriern – einarmigen, einbeinigen und einäugigen Scheusalen – herumzuschlagen hatte und deshalb wieder das Weite suchte. Nach ihnen kamen, als vierte, die Firbolg, denen dann nach 37 Jahren die göttlichen Túatha Dé Danann nachfolgten. Diesen gelang es auch, in zwei blutigen Schlachten die Fomorier zu vertreiben. Später wurden sie jedoch selber von den Milesiern (Gälen), einem aus dem heutigen Spanien kommenden keltischen Volk, so massiv bedrängt, dass ihnen nichts anderes übrig blieb, als sich in die Anderswelt zurückzuziehen. Diese dürfte also seit ungefähr 2400 Jahren existieren. Bekannt wurde sie unter gleich mehreren Namen, die recht aufschlussreich sind: „Land der ewigen Jugend" oder, was durchaus ein Unterschied ist, „Land des ewigen Lebens", „Land unter den Wellen", „Land der Verheißung", „Land der Frauen".

Die berühmte Half Penny Bridge in Dublin, die den Liffey überspannt, war eine der ersten gusseisernen Bauwerke in Irland überhaupt. Ihr Name kommt von der Maut, die den Passanten bis 1919 abverlangt wurde.

Blarney Castle gehörte zu den stärksten Burgen in der Provinz Munster. Die vielen Besucher kommen aber vor allem wegen des Blarney Stone, dessen Unterseite sie – unter ziemlichen Verrenkungen – küssen. Dafür sollen sie die Gabe der Beredsamkeit verliehen bekommen.

Frauenpower

Um es deutlich zu sagen: Die Frauen, von denen in den Mythen die Rede geht, waren keine normalen Weibsbilder, sondern Zauberinnen, die zwischen den verschiedenen Welten hin und her pendelten. Das beweist auch jene Geschichte, bei der Fionn mac Cumhaill bei einem Bad im Slieve Gullion zum Greis alterte. Schuld daran war eine solche Andersweltfrau, die jedoch dem Helden seine Jugendkraft wieder zurückgeben musste. Und als dieser noch einen Fisch verspeiste, brauchte er nur seinen Finger in den Mund zu stecken, um nicht nur Vergangenes, sondern auch Zukünftiges vor sich zu sehen.

Für seinen Sohn Oisín ging freilich die Sache weniger gut aus. Nachdem er mit seiner Frau Niamh 300 Jahre im Land der Jugend zugebracht hatte, packte ihn das Heimweh. Für die Reise in seine Heimat stellte ihm Niamh ihr Zauberpferd zur Verfügung, warnte ihn jedoch eindringlich, dessen Rücken zu verlassen und den Boden Irlands zu betreten. Doch dann riss der Sattelgurt, und unser Held stürzte im wahrsten Sinne des Wortes ab. Wie von seiner Frau vorhergesagt, war es durch die Berührung mit der Erde mit seiner ewigen Jugend vorbei, und er alterte augenblicklich zu einem halbblinden Greis.

Noch unglaublichere Wunderdinge werden von Étain Echraide berichtet, die nicht nur der Zeit gebieten, sondern auch ihre Gestalt beziehungsweise Existenz verändern konnte. Von ihrer Vorgängerin als Ehefrau Midirs in einen Schmetterling verwandelt, erblickte sie nach exakt 1012 Jahren zum zweitenmal das Licht der Welt. Und zwar im Leib von Ètars Gattin, der das Tierlein zuvor in den Mund geflogen war. Der Verwandlungen und Zeitsprünge noch nicht genug, fertigte Midir von Étain gleich 50 völlig identische Kopien. Doch das war auch nötig, denn Eochaid Airem, dem die Vielbegehrte zwischenzeitlich ehelich verbunden gewesen war, ließ nichts unversucht, sie zurückzugewinnen.

Die Kelten kommen

Die Geschehnisse aus dem „Buch der Eroberungen" historisch einzuordnen, fällt schwer. Und die große Kluft zwischen der erzählten Zeit – in der die jeweilige Episode spielt – und der Zeit ihrer Niederschrift verkompliziert die Sache noch mehr. Immerhin gibt es zumindest eine wichtige Schnittstelle, wo sich Fiktion und Realität so nahe kommen, dass sie eine halbwegs sichere Datierung zu ermöglichen. Demzufolge kann man davon ausgehen, dass die Kelten rund 400 Jahre vor Christi damit begonnen haben, die Insel zu erobern. König Ith kam aus Spanien und soll etliche Geisterschiffe besessen haben. Doch auch diese konnten weder seine Niederlage verhindern, noch sein Leben retten. Erst seinen Enkeln war es vergönnt, in Irland Fuß zu fassen. Der erste, der irischen Boden betrat, war Amergin, ein Druide und Sänger. Da man damals die Zeit noch nicht maß, ist nur der Tag überliefert – ein 1. Mai.

Damit war auch der letzte verzweifelte Versuch der Túatha Dé Danann, mittels eines schrecklichen Sturmes die Invasoren doch noch an der Landung zu hindern, gescheitert. Amergins magische Kräfte – oder Götter – waren stärker als sie. Zum Dank entzündete er ein Feuer und sang sein berühmtes Lied von der Besitzergreifung der Insel, in dem sich der ganze Geist des Keltentums offenbart:

Ich bin der Wind über der See,
ich bin eine Meereswoge,
ich bin der Stier der sieben Schlachten,
ich bin ein Adler auf dem Fels,
ich bin der Strahl der Sonne,
ich bin die schönste der Pflanzen,
ich bin ein starker, wilder Eber,
ich bin der Lachs im Wasser,
ich bin ein See in der Ebene,
ich bin ein Wort der Weisheit,
ich bin eine Speerspitze in der Schlacht,
ich bin ein Gott, der Feuer wirft ins Gehirn …

Fast 800 Jahre lang gehörte Irland den Kelten. Obwohl die Zeit der Hochkönige, Druiden und Helden wie Cúchulainn oder Fionn mac Cumhaill schon lange vorbei ist, spürt man den Zauber dieser Epoche bis heute.

Der böse Nachbar

„Wir Engländer essen Beefsteak und trinken Porter dazu, und deshalb kann uns nichts auf der Welt widerstehen; aber so ein Irländer ist mit Kartoffeln und Buttermilch zufrieden; very well, was kann also aus so einem Schuft werden?“, zitiert Georg Weerth in seinen „Skizzen aus dem sozialen und politischen Leben der Briten“ (1843/48) die damals in England herrschende Volksmeinung. Die liest sich zwar wie ein schlechter Scherz, war aber bitterer Ernst.

Auf den Spielplan der europäischen Geschichte kam das irisch-englische Drama im 12. Jahrhundert. Nachdem die Iren in der Schlacht von Clontarf (1014) der Wikingerherrschaft ein Ende gesetzt hatten, blieben ihnen nur anderthalb Jahrhunderte, um sich ihrer Freiheit zu erfreuen. Dann kamen die Anglonormannen. Doch die gingen in der angestammten Bevölkerung auf und ließen ansonsten den englischen König einen guten Mann sein. Als richtig böse erwies sich erst Heinrich VIII., der die Reformation einführte und rund 400 Klöster auflöste. Die Katholiken wehrten sich zwar, zogen aber immer wieder den Kürzeren und verloren 1695 sogar die Bürgerrechte. Nachdem die Engländer ab 1699 die politische und wirtschaftliche Kolonisierung des aufmüpfigen Nachbarn betrieben hatten, schufen sie 1801 mit dem Act of Union vollendete Tatsachen und verleibten sich Irland ganz ein.

Trotz zunehmenden Widerstandes, der mit der Rückbesinnung auf das gälische Erbe einherging, blieb die Grüne Insel 120 Jahre lang Bestandteil des Vereinigten Königreiches. Erst 1921, nach einem blutigen Bürgerkrieg, wurde der Freistaat Irland proklamiert. 1949 erfolgte dann die Ausrufung der Republik. Davon ausgeschlossen blieben jedoch die sechs mehrheitlich von Protestanten bewohnten Nordprovinzen. So war ein langer, blutiger Konflikt vorprogrammiert.

Ein absoluter Höhepunkt – nicht nur des Klosters Monasterboice, sondern der irischen Kunst des 9. Jahrhunderts überhaupt – ist jenes Hochkreuz, das nach dem damaligen Abt Muiredach benannt wurde. Die Themen der Reliefs beziehen sich sowohl auf das Alte als auch auf das Neue Testament.

Was wäre Irland ohne seine Pubs? Für nicht wenige Iren sind diese so etwas wie ein zweites Wohnzimmer – in dem auch Fremde immer willkommen sind. Hier The Bakers Pub in Dublin.

Unsanftes Erwachen

Eigentlich lief seit Mitte der 1990er-Jahre alles bestens. Das lange den Stempel bitterer Armut tragende Land galt plötzlich als reich. Die Leute schwelgten im Konsumrausch, die Städte boomten, und auch in den Dörfern schossen neue Einfamilienhäuser wie Pilze aus dem Boden. Diejenigen, die Irland von früher kannten, staunten vor allem über das Tempo der Veränderungen. Aus dem einstigen Agrarstaat wurde in kürzester Zeit ein wichtiger Industriestandort. Vor allem internationale Hightech-Unternehmen fanden hier ein Eldorado. Geködert mit Zuschüssen und Vergünstigungen, von denen sie anderswo nur träumen konnten. So finanzierte der Staat nicht nur jeden neuen Arbeitsplatz mit, sondern zierte sich geradezu, die immensen Gewinne auch angemessen zu besteuern.

Inzwischen ist der „Keltische Tiger" zu einem Pflegefall geworden und die Bevölkerung, bislang im festen Glauben, dass ihr ausgeprägter Traditionalismus und der liebe Gott sie vor allen Anfechtungen und Gefahren bewahren würden, aus allen Wolken gefallen. Obwohl die Zahlen offenliegen, wollen oder können viele nicht glauben, dass ihr Land praktisch pleite ist. Sie haben nicht nur das Vertrauen in die Banker und Politiker, sondern auch in die ebenfalls von Skandalen erschütterte Kirche verloren – was in Irland besonders schlimm ist.

Wenn es regnet

In seinem „Irischen Tagebuch" hat Heinrich Böll dem viel diskutierten „Irish Mist" ein ganzes Kapitel gewidmet. Dort steht unter anderem zu lesen: *„Der Regen ist hier absolut, großartig und erschreckend. Diesen Regen schlechtes Wetter zu nennen ist so unangemessen, wie es unangemessen ist, den brennenden Sonnenschein schönes Wetter zu nennen."* Und noch einmal: *„Man kann diesen Regen schlechtes Wetter nennen, aber er ist es nicht."*

Denn: So gewiss dieser Regen, so absehbar auch sein Ende, so sicher der baldige Auftritt der Sonne. Dabei wird der Himmel zur Bühne. Mit Regenbögen, von denen einer schöner als der andere ist.

Nicht zu vergessen, dass es ohne besagten Regen auch keinen Irish Coffee geben würde. Brachte doch das schlechte Wetter den Barkeeper des nahe Limerick gelegenen Shannon Airport auf die Idee, den festsitzenden Fluggästen das Warten durch ein Getränk zu verkürzen, in dem er Whiskey, Kaffee und braunen Zucker zusammentat und dem

Ganzen ein Sahnehäubchen aufsetzte. Abschließend sei noch darauf verwiesen, dass es sogar einen Likör namens „Irish Mist“ gibt.

Céad míle fáilte!

In Irland wird man seit uralten Zeiten mit einem „Hunderttausendfachen Willkommen“ begrüßt. In die gleiche Richtung zielt auch das Sprichwort „*Ein Fremder ist ein Freund, dem man bislang noch nicht begegnet ist.*“ Für unsereins mag das zwar alles übertrieben klingen, doch es ist wirklich ernstgemeint. Diese Erfahrung war auch einer der Gründe, weshalb Böll seiner großen Leserschaft Land und Leute ans Herz legte. Der begeisterte Irland-Fan war sich sicher, dass hier „das Märchen von den Sterntalern“ spielen könnte. In der Tat verwirrt diese Landschaft bis zur seligen Trunkenheit. Land, Himmel und Meer vereinen sich zu einem unvergleichlichen Spektakel. Ihr großes Schweigen dröhnt in aller Ohren. Der Himmel jagt, das Meer tobt. Nur das Land hält sich an sich selber fest – von einer Ewigkeit zur andern.

Grandiose Staffage gibt es hier allenthalben; die meistbesuchte entlang jener Panoramastraßen, welche die Halbinseln im Südwesten erschließen. In Irland gewesen zu sein, ohne den Ring of Kerry befahren zu haben, wäre genauso unverzeihlich, wie die monumentalen Cliffs of Moher und die über 600 Meter hohen Slieve League (-Klippen) auszulassen. Dabei können all diejenigen, die mit einem größeren Wagen oder einem Wohnmobil unterwegs sind und bei Gegenverkehr die Nerven oder, an ihrem Gefährt, etwas Lack verlieren, ein weitverbreitetes Gerücht widerlegen. Nämlich, dass die Iren, als sie noch genug Geld hatten, sämtliche engen, kurvigen, holprigen und ach so romantischen Straßen modernisiert hätten.

Seite 20/21: Zumindest für den Meeresgott Manannán mac Lir bildeten die bis zu 200 Meter senkrecht in die Tiefe fallenden Klippen von Moher kein Hindernis. Bewegte er sich doch mit seinem Streitwagen auf dem Land ebenso sicher wie auf dem Wasser.

Seite 22/23: Wie überall, wo die Musik spielt, geht es auch in diesem Pub in Milltown nahe Killorglin hoch her. Vor allem, wenn keine Profis auftreten, sondern der Nachbar oder die Nachbarin ihre Instrumente mitbringen und loslegen, was das Zeug hält.

Am Moyteoge Head bei Dooagh, dem Hauptort von Achill Island. Auf der in der Grafschaft Mayo gelegenen größten Insel Irlands (146 Quadratkilometer) leben – außer Schafen – rund 2600 Menschen.

THE
PLOUGH
BAR
Still on track after 50 years

No Smoking
Hard Rock
CAFE

Von Newgrange zur „Irischen Riviera“ – der Osten

Blick vom Rock of Cashel – die „Irische Akropolis“ war einst Sitz der legendären Könige von Munster – zur Hore Abbey. Die letzte Zisterziensergründung in Irland wurde im Jahre 1540 aufgelöst.

PRAY FOR THE REPOSE OF
THE SOUL OF
RODERICK M CUSACK
OF CASHEL
FOR CASHEL
WHO DIED ON THE

Von Newgrange zur „Irischen Riviera“ – der Osten

Irlands Osten hat nicht die Dramatik anderer Regionen. Die Landschaft hält sozusagen den Atem an. Gibt sich weitgehend flach und gleichmäßig. Auch die Vermählung mit der Irischen See ist unspektakulär. Eine Vernunftehe, könnte man sagen. Lediglich die Wicklow Mountains fallen aus der Rolle, zeigen Leidenschaft und Temperament. Das Granitgebirge zieht sich unterhalb von Dublin auf einer Länge von etwa 60 Kilometern gen Süden. Da sich die tiefeingeschnittenen Hochtäler im wahrsten Sinne des Wortes querstellen, gibt es nur zwei Pässe, Sally Gap und Wicklow Gap, die die Durchquerung von Osten nach Westen (oder umgekehrt) zulassen. Der höchste Berg ist der Lugnaquilla Mountain, der immerhin 943 Meter in den Himmel ragt. Wenn sich der Wolken- und Nebelvorhang hebt, was ausgesprochen selten vorkommt, kann man der Aufführung eines beeindruckenden Natur-Stückes beiwohnen. Dabei spielen nicht nur Wasserfälle, Wiesen, Hochmoore und Seen eine tragende Rolle, sondern auch – wie kaum anderswo in Irland – Wälder. Hinter den Bergen, also an der Südostküste, finden sich die schönsten Strände. Der Sand ist fein und sauber, die Wassertemperatur indes ist gewöhnungsbedürftig.

Rundturm und Muiredach-Kreuz in Monasterboice. Das Kloster wurde vermutlich Ende des 5., Anfang des 6. Jahrhunderts durch den heiligen Buite gegründet. Dieser stand seinem Lehrer, dem heiligen Patrick, an Wundertaten (er soll sogar Tote auferweckt haben) in nichts nach.

Für die Ewigkeit gebaut

Dort, wo sich der Boyne besonders ausschweifend gibt, sprich: mäandert, haben die geheimnisvollen Baumeister der Steinzeit mächtige Grabmäler hinterlassen. Während Newgrange vor allem durch seine Größe und jenes Licht-Spiel beeindruckt, bei dem um die Wintersonnenwende, also in der dunkelsten Zeit des Jahres, das Sonnenlicht in die zentrale Grabkammer geleitet wird, haben sich in Knowth die megalithischen Künstler ein Denkmal gesetzt. So gibt es auf über 600 Bildsteinen die verschiedensten Symbole und Zeichen – Rauten, Spiralen, Kreise, Dreiecke Zickzack- und Wellenlinien – zu bestaunen.

Aus dem Mittelalter sind nicht nur romantische Castles erhalten geblieben, an denen der am stärksten von kriegerischen Einfällen betroffene Südosten der Insel besonders reich ist, sondern vor allem etliche Klöster wie Monasterboice, Mellifont Abbey, Kells oder Dunbrody Abbey. Die berühmteste Klostersiedlung liegt in einem Tal mit zwei Seen, das schon dem heiligen Kevin so gefiel, dass er sich hier vor rund 1400 Jahren niederließ. Im Laufe der Zeit wuchs Gleann dá locha (= Glendalough) zu einer der größten und bedeutendsten monastischen Stätten. Man schätzt, dass zu ihrer Blütezeit bis zu 3000 Menschen hier gelebt haben. Und zwar nicht nur Mönche, sondern auch viele Gelehrte und deren Schüler. Glendalough war also nicht nur Glaubensfeste, sondern auch ein bedeutendes Zentrum der Gelehrsamkeit.

Das bedeutendste und schönste Gotteshaus der Romanik trägt der legendäre Rock of Cashel, ein weithin die Ebene von Tipperary überragender kalksteinerner Felsen, auf dem die Könige von Munster residierten. Namensgeber der Kapelle war Cormac I., der sich sowohl als Fürst und Bischof, wie auch als Dichter einen Namen gemacht hat.

In der Hauptstadt

Die Bucht an der Mündung des Liffey-Flusses in die Irische See war schon im Neolithikum bewohnt. Die Leute in der ersten uns bekannten Siedlung namens „Baile Átha Cliath (= Befestigte Furt) wurden durch den heiligen Patrick bekehrt. So geschehen im Jahre 448. Rund 400 Jahre später kamen die Wikinger, denen in der zweiten Hälfte des 12. Jahrhunderts anglowalisische Normannen folgten, die den Grundstein für die Jahrhunderte währende Herrschaft der englischen Krone legten.

Heute zählt die irische Hauptstadt über eine halbe Million Einwohner. Die Liffey teilt die Stadt nicht nur geografisch, sondern auch sozial in zwei Hälften. Die Wohngebiete der Arbeiter und Handwerker liegen nördlich, das reichere, ansehnlichere Dublin südlich des Flusses.

In Dublin gibt es das früheste und berühmteste Zeugnis großer irischer Buchmalerei zu bewundern. Der aus dem sechsten Jahrhundert stammende Cathach wird mit dem heiligen Columba in Verbindung gebracht. Danach wurde er von dessen Familie, den O'Donnels, als Talisman bei diversen militärischen Unternehmungen mitgeschleppt (daher auch die Benennung „cathach" = Krieger). Lange in einem Schrein verborgen, kam er erst nach dessen Öffnung im Jahre 1813 wieder ins Gespräch. Da die Krieger-Handschrift dem Zahn der Zeit nicht halb so viel Widerstandskraft entgegengesetzt hatte, wie ihr Name vermuten ließ, hatten die Restauratoren allerhand zu tun. Aufbewahrt wird sie in der Bibliothek der Royal Irish Academy.

Das Book of Kells wurde vermutlich Ende des 8. Jahrhunderts auf der heute zu Schottland gehörenden Insel Iona begonnen und im irischen Kloster Kells vollendet. Gott sei Dank hatte der Dieb, der die Handschrift dort im Jahre 1007 entwendete, nur an dem kostbaren Einband Interesse, weswegen er auf seiner Flucht das Innenteil wegwarf. Immerhin dauerte es bis zum 17. Jahrhundert, ehe die Odyssee ein Ende und die Handschrift einen sicheren Platz fand. Um das Book of Kells zur Gänze zu sehen, müsste man 340 mal in das Trinity College kommen. So viele Seiten zählt es nämlich. Und jeden Tag wird eine andere aufgeblättert.

Mellifont Abbey, Irlands erstes Zisterzienserkloster, wurde vor rund 850 Jahren durch den damaligen Bischof von Armagh gegründet. Anderthalb Jahrhunderte später besaß es bereits 24 Tochterklöster.

Guinness Time, so die Botschaft dieser Werbung an einer Dubliner Fassade, ist praktisch immer.

Das große Schwarze mit dem weißen Häubchen

Vom Trinity College zum riesigen, mehr als 240 000 Quadratmeter umfassenden Gelände der Guinness-Brauerei ist es nur ein Katzensprung: Der Weg führt zunächst die Dame Street entlang, die dann in die Thomas Street übergeht. Von dieser biegt man links in die Crane Street ab, an der die Market Street anknüpft. Der Rückweg ist natürlich der gleiche, wird aber nach dem vierten oder fünften Glas immer schwieriger. Jedenfalls nutzen viele Gäste Dublins die Gelegenheit zu einem Besuch an der Wiege der hopfenbitteren, obergärigen Bierlegende in St. James's Gate. Das aus einem alten Fabrikgebäude hervorgegangene Guinness Storehouse hat sich in der relativ kurzen Zeit seines Bestehens zu einer echten Touristenattraktion entwickelt. Kann man doch hier nicht nur zuschauen, wie aus Wasser, Gerste, Hopfen und Hefe Bier entsteht, sondern auch dessen verschiedene Varietäten probieren sowie Andenken und Mitbringsel erwerben, die – wie das Guinness selbst – eine Geschmacksfrage sind.

Begonnen hat alles im Jahre 1759, als Arthur Guinness I. die heruntergekommene Brauerei übernahm. Sein erstes Bier, das besonders den Geschmack der Lastenträger traf, wurde denn auch nach diesen Porter genannt. Doch es dauerte nicht lange, bis andere an dem proletarischen Getränk Gefallen fanden. Benjamin Lee, der dritte Guinness-Macher, bot erstmals sein Bier auch in Flaschen an. Das eröffnete dem Konsum wie den Besitzern ungeahnte Perspektiven.

Zur heutigen Produktpalette des Hauses gehören neben fünf Bieren (Guinness Draught, Guinness Extra Stout, Guinness Foreign Extra, Guinness Extra Cold und Guinness Red) auch zahlreiche Mixgetränke – darunter jener zur Hälfte aus Guinness und Sekt (oder Champagner) bestehende Drink namens Black Velvet, der 1861 im Londoner Brooks's Club kreiert wurde. Dank Guinness ist auch die Registrierung von Welthöchstleistungen zur irischen Angelegenheit geworden. Weiß man doch, dass dies dem eigentlichen Geschäft, nämlich möglichst viel Bier unter die Leute zu bringen, richtig gut tut.

Das Duell

Ich beginne diesen Tag mit der Kraft des Himmels: dem Licht der Sonne, dem Strahl des Mondes, dem Glanz des Feuers, der Kraft des Blitzes, der Schnelligkeit des Windes, der Tiefe des Meeres, der Festigkeit der Erde, der Standhaftigkeit des Steines. (St. Patrick zugeschrieben)

Den berühmten Hill of Tara krönte bereits in der Steinzeit ein Tempel, dessen Alter auf 4500 Jahre geschätzt wird. Später wählten ihn die keltischen Hochkönige zu ihrem Regierungssitz. Wie die Legende berichtet, spielte hier der entscheidende Kampf zwischen dem heidnischen Establishment und der neuen christlichen Religion. St. Patrick, der Herausforderer, machte den ersten Zug, indem er den Hochkönig Laogaires provozierte und – wider dem Zeremoniell – auf einem Tara gegenüberliegenden Hügel ein Osterfeuer entzündete. Daraufhin von Laogaires' Leuten umzingelt, gelang es ihm, zunächst den gefährlichsten Druiden außer Gefecht zu setzen und dann die Soldaten so zu verwirren, dass sie aufeinander losgingen.

Der Showdown dieser Geschichte spielte in Tara selbst. Ausgerechnet an ihrem heiligsten Ort und mit ihren ureigenen Mitteln, nämlich der Magie, will Patrick die Druiden schlagen und das versammelte Volk von der Überlegenheit seiner Religion überzeugen. Dieser Plan ging voll auf. Das heißt, der Heilige brachte sowohl den nächtlichen Schneefall, den die Druiden herbeigezaubert hatten, als auch die von ihnen versteckte Sonne in Rekordzeit zum Aufhören beziehungsweise zurück. Danach erhöhte sich der Einsatz dramatisch. Ging es doch um nichts Geringeres als das Leben. Während Patricks Schüler Benen in einer Hütte aus trockenem Holz ein Feuer ohne Schaden überlebte, wurde sein druidischer Gegenspieler von den Göttern verlassen und verbrannte jämmerlich – und das, obwohl das Holz seiner Behausung nass gewesen war. Klar, dass am Ende dieser spektakulären Vorführung der königliche Hof geschlossen zum Christentum übertrat. Doch ebenso sicher – und an vielen Gotteshäusern und Hochkreuzen ablesbar – ist auch, dass sehr viel Keltisches in der irischen Kirche weiterlebte.

Gleich zweifachen Genuss bietet die Panorama-Bar im Guinness Hop Store. Erstens den des Bieres und zweitens den der schönen Aussicht. Liegt doch den Gästen Dublin im wahrsten Sinne des Wortes zu Füßen.

Dubliner Brücken: Hier die von John Windsor erbaute Half Penny Bridge, die seit dem Jahre 1816 Temple Bar mit der Liffey Street verbindet.

Sie sind seit dem Ende des alten und dem Beginn des neuen Jahrtausends Nachbarn: die Half Penny Bridge und die Millennium Bridge. Die eine aus Gusseisen gefertigt, die andere aus Edelstahl.

Ebenfalls den Fußgängern vorbehalten ist die Seán O'Casey Bridge. Namensgeber war der berühmte irische Dramatiker und Freiheitskämpfer, der 1880 in den Slums von Dublin geboren wurde.

Auch der Literaturnobelpreisträger Samuel Beckett hat in Dublin seine eigene Brücke. Die von Santiago Calatrava entworfene moderne Konstruktion wurde 2009 ihrer Bestimmung übergeben.

St. Stephen's Green, die bekannteste Grünanlage von Dublin, lieferte diesem Shopping Centre den Namen. 1988 fertig gestellt, war es damals das größte Kaufhaus des Landes.

Das Powerscourt Townhouse Centre verdankt seine Existenz einer wundersamen Verwandlung. Ein altes Gebäude *und ein Hinterhof wurden aufgemöbelt und durch eine moderne gläserne Dachkonstruktion verbunden.*

Die Grafton Street, Dublins Haupteinkaufsmeile, ist in jeder Beziehung ein teures Pflaster. Und zwar sowohl für die Kunden und Gäste der Shops und Restaurants, als auch für deren Besitzer, die mittlerweile die fünfthöchsten Mieten der Welt bezahlen müssen.

Bei der Zeitungslektüre. Der Mann am Kiosk ist insofern gegenüber dem Droschkenkutscher im Vorteil, dass er sein eigenes Blatt lesen kann.

Durch Dublins Innenstadt zu bummeln, ohne auf Straßenmusikanten zu stoßen, ist schlichtweg ein Ding der Unmöglichkeit. Die Darbietungen, die von der traditionellen irischen über die klassische bis hin zur Pop-Musik reichen, sind allerdings von sehr unterschiedlicher Qualität.

Seite 36/37: Bewley's Oriental Café wurde Mitte des 19. Jahrhunderts von Quäkern gegründet. Hier der Blick ins Stammhaus in der Grafton Street, das im Obergeschoss eine Ausstellung zur Firmengeschichte birgt.

Unterwegs in der Dubliner Innenstadt. Hier die South William Street, nicht weit vom Powerscourt Townhouse Centre entfernt.

Eine von vielen Skulpturen in Dublins Innenstadt. Besonders die Kinder sind von der geduldigen bronzenen Kuh begeistert.

Seinem eigentlichen Zweck entfremdet, aber auf alle Fälle ein Blickfang: Ein Fahrrad im Dienste der Werbung. Zu sehen in der Dubliner Innenstadt.

Pubszene in Dublin. In der wärmeren Jahreszeit zieht es auch die Iren aus dem Pubinneren auf die Straße hinaus.

James Joyce hat in seinem „Ulysses“ auch der National Library in Dublin ein literarisches Denkmal gesetzt. Der Schwerpunkt der Sammlung liegt auf Erstdrucken (vor allem der irischen Literatur des 17. Jahrhunderts), historischen Landkarten und Topografien (Landesbeschreibungen).

Die 1701 eröffnete Marsh's Library ist die älteste Bibliothek des Landes. In den Eichenholzregalen lagern rund 25 000 Bände aus dem 16. bis 18. Jahrhundert, aber auch Inkunabeln und Handschriften.

In der 1864 eröffneten National Gallery gibt es die Werke irischer und anderer berühmter Maler wie El Greco, Goya, Velázquez, Picasso, Tizian, Tintoretto und Caravaggio zu bestaunen.

Das Dublin Institute of Design ist Irlands führende Design-Schule. Das College wurde im Jahre 1991 gegründet. Gelehrt werden alle Bereiche der künstlerischen Gestaltung.

Seite 42/43: An der Stelle, wo heute die St. Patrick's Cathedral steht, soll der irische Nationalheilige im 5. Jahrhundert die ersten Christen getauft haben. Die mit 93 Metern Länge größte Kirche Irlands wurde Ende des 12. Jahrhunderts geweiht. Berühmtester Geistlicher war Jonathan Swift, der Autor von „Gullivers Reisen".

Rechte Seite:
Das im Jahre 1871 eröffnete Street Gaiety Theatre an der South King Street, ein Werk des Architekten Charles J. Phipps, präsentiert sich nach seiner Restaurierung in den späten 1990er-Jahren in alter Viktorianischer Schönheit.

Rechts:
The Irish House of Parliament, gebaut von Sir Edward Lovett Pearce (1699–1733), soll das Vorbild für das Capitol in Washington und das Britische Museum in London geliefert haben. Es beherbergt heute die Bank of Ireland.

Rechts:
Das von einer großen Kuppel gekrönte Custom House, Hauptwerk des Architekten James Gandon (1743–1823), fällt schon von weitem ins Auge. Nach den Zerstörungen während des Unabhängigkeitskrieges erstrahlt das frühere Zollgebäude längst wieder in alter Pracht.

Ganz rechts:
Das Trinity College wurde Ende des 16. Jahrhunderts durch Königin Elisabeth I. gegründet. An der bis zum Ausgang des 18. Jahrhunderts ausschließlich Protestanten vorbehaltenen Eliteschule studierten unter anderen Jonathan Swift, Oscar Wilde und Samuel Beckett.

GRAND CANAL THEATRE

Seite 46/47: Das Grand Canal Theatre in den Dubliner Docklands wurde 2010 mit dem Ballett „Schwanensee“ eröffnet. Der Bau des amerikanischen Stararchitekten Daniel Libeskind ähnelt einem angeschrägten Guckkasten. Zwei sich überlappende Glaswände bilden die Fassade.

Mit der Irish Music Hall of Fame in Dublin besitzen die berühmtesten Sänger und Musikanten der Grünen Insel ein eigenes Museum.

Das Irish Film Centre mit dem nationalen Filmarchiv ist eine jener zahlreichen kulturellen Einrichtungen, die im Stadtteil Temple Bar Einzug gehalten haben.

Der Guinness Hop Store ist ein moderner Wallfahrtsort. Im Mittelpunkt stehen jedoch keine Heiligen, sondern das berühmte Bier. Die Besucher können den Brauprozess mitverfolgen, sich über die Firmengeschichte informieren und Souvenirs einkaufen. Und essen und trinken natürlich auch.

Ob Sightseeing- oder Doppeldecker-Bus – Dublins städtische und bunt bebilderte Transportriesen lassen nicht lange auf sich warten. Das heißt, sie verkehren in ziemlich kurzen Abständen.

Allerdings stellt sich nicht nur im Bus, sondern auch draußen die Platzfrage. Während es im Bus in der Regel nur zur Rush Hour eng wird, ist auf den Außenwänden generell nichts mehr frei. Haben sie doch Werbung für alles mögliche zu tragen.

Das Kneipen- und Künstlerviertel Temple Bar gibt es erst seit den 90er-Jahren des vergangenen Jahrhunderts. Ursprünglich sollten die alten Gebäude einem neuen Busbahnhof weichen. Inzwischen zählen sie, instandgesetzt und herausgeputzt, zu den größten Attraktionen Dublins.

Der in der Meath Street gelegene Liberty Market ist sozusagen das Gegenstück zu den noblen Geschäften in der Grafton Street. Das Angebot reicht von Lebensmitteln über Haushaltswaren bis zu Kleidungsstücken.

Ganz links:
Jesus Christus hinter Glas. Standort: die O'Connell Street. Die Grüne Insel versteht sich nach wie vor als Bastion des katholischen Glaubens.

Links:
Charles Stewart Parnell, der von 1846 bis 1891 lebte und wirkte, war einer der bedeutendsten und beliebtesten irischen Politiker des 19. Jahrhunderts. Sein ehernes Denkmal findet sich ebenfalls in der O'Connell Street.

Die Blumenverkäufer in der Grafton Street brauchen sich über mangelnden Absatz nicht zu sorgen, sondern eher darum, dass rechtzeitig neue Ware eintrifft.

Auch wenn sie manchmal zugesperrt werden, waren und sind Türen und Tore in erster Linie zum Eintreten da. Sie heißen also willkommen. In Dublin – und überall auf der Insel – mit Mut zur Farbe und manch schönem Detail.

Rechte Seite: Dieses Public House findet sich im nördlichen Teil der Dubliner Innenstadt. Das „Öffentliche Haus" wird seit Königin Victorias Zeiten kurz Pub genannt.

KILKENNY
IRISH BEER
THE CREAM OF IRISH BEER
Whiskey Bonder
Wine Merchant
T.P.SMITHS
ENJOY THE
BIG MATCH HERE
CATCH THE
WORLD CUP
HERE

Aus einer ehemaligen Kirche wurde ein Pub. So geschehen im Jahre 2005. Dabei blieb die Einrichtung des zu Beginn des 18. Jahrhunderts errichteten Gotteshauses mit der Orgel und den bunten Glasfenstern weitgehend erhalten. Und der Besitzer erhielt sogar einen Preis für die gelungene Umgestaltung.

Seite 58/59: The Temple Bar gilt seit Jahren als eine der führenden Musikkneipen des Landes. Whiskey und Bier schmecken natürlich auch.

CHURCH

THE TEMPLE BAR
BEER GARDEN
LIVE MUSIC DAILY
WHISKEY

LÁNA AN TEAMPAILL THEAS
TEMPLE LANE SOUTH
48
THE TEMPLE BAR
Importers of FINE SMOKING
TOBACCO
Always in Stock
Traditional Irish Music
LIVE MUSIC DAILY
TEMPLE BAR
GUINNESS

Die beste Zeit, den Bezirk Temple Bar zu erkunden, ist der Abend. Dann präsentiert sich Dublins einstiges Sorgenkind, das sich inzwischen zu einer Schönen gemausert hat, besonders romantisch. Die Musiker in den Pubs laufen zur Höchstform auf, und das Bier schmeckt von Glas zu Glas besser.

MacDaid's ist ein eng mit der irischen Literaturszene verknüpfter Pub in der Harry Street. Er war nicht nur Stammlokal des genialen Dramatikers und „heiligen" Trinkers Brendan Behan, sondern sah auch dessen Kollegen Flann O'Brien, Liam O'Flaherty oder Patrick Kavanagh als Gäste.

O'Donoghues's Pub in der Merrion Row 15 ist eine der bekanntesten Musikkneipen des Landes. So starteten hier einst The Dubliners ihre Weltkarriere.

Dieser Pub in Temple Bar trägt den Namen des irischen Schriftstellers, Arztes, Piloten und Senators Oliver St. John Gogarty (1878–1957), der auch die Widerstandsbewegung tatkräftig unterstützte.

Im Jahre 1889 machte Arthur Guinness den Park St. Stephen's Green seinen Dubliner Mitbürgern zum Geschenk. Die neun Hektar große Grünfläche, die auch als Konzertstätte genutzt wird, erfreut sich bis heute größter Beliebtheit.

Die alljährlich im August im Dubliner Stadtteil Ballsbridge stattfindende Kerrygold Horse Show gehört zu den größten gesellschaftlichen Ereignissen des Landes. Eigentlich stehen die Pferde im Mittelpunkt, die auf der Grünen Insel größte Wertschätzung, ja Verehrung genießen. Doch viele der noblen Gäste nutzen die Gelegenheit gleichzeitig, um sich selbst zu

inszenieren. Besonders am Blossom Hill Ladies' Day gibt es auch außerhalb der Bahn oder des Parcours viel zu sehen.

Rätsel der Steinzeit

Die ältesten Megalithbauten auf der Insel sind die Dolmen, bei denen mehrere aufrecht stehende Steine von einer teils riesigen Platte überdacht werden. Das größte Hügelgrab Irlands ist der Browneshill Dolmen nahe Waterford. Seine Deckplatte wiegt fast 100 Tonnen. Bei dieser Last ist es kein Wunder, dass sie schon etwas aus dem Gleichgewicht geraten ist. Auch der nahe Boyle gelegene Drumanone Dolmen lohnt einen Abstecher. Der bekannteste und meistfotografierte ist freilich der Poulnabrone Dolmen im Burren, der in der bizarren, von zahllosen Kalksteinplatten übersäten Landschaft besonders geheimnisvoll wirkt. Apropos Geheimnis: Im Dolmen von Ballybrack soll Fial, die Gattin des milesischen Fürsten Luigdeachs, begraben sein. Gestorben ist sie, laut „Buch der Eroberungen", am Lough Currane. Und zwar aus Scham darüber, dass sie nackt gebadet hatte – was nicht erlaubt war. Dazu ist anzumerken, dass ihr Gatte das Gleiche tat, jedoch von Strafe verschont blieb.

Unten: Die Mauern des vermutlich aus dem 10. Jahrhundert v. Chr. datierenden Cahergall Stone Fort waren bis zu sechs Meter hoch und dreieinhalb Meter dick.

Gleich 60 Bauwerke aus der Steinzeit, von denen allerdings nur wenige unbeschadet geblieben sind, finden sich nahe der Ortschaft Sligo: Carrowmore, das sowohl Dolmen als auch Ganggräber umfassende größte steinzeitliche Gräberfeld Irlands, ist annähernd vier Quadratkilometer groß. Der älteste Teil der Anlage, so eine der Hypothesen, soll schon vor 7000 Jahren entstanden sein.

Rechts: Ein fast 20 Meter langer, aus bis zu zwei Meter hohen Steinen erbauter Gang führt in die Grabkammer von Newgrange.

Königin Medb

Der etwa eine halbe Stunde dauernde Aufstieg auf den nicht allzu weit entfernten Knocknarea lohnt nicht nur der schönen Aussicht halber, sondern auch wegen des rund elf Meter hohen und im Durchmesser 60 Meter messenden Hügels (Cairn) aus Bruchstein, der vermutlich 2500 Jahre vor Christi Geburt errichtet wurde. Dieser soll angeblich das Grab der sagenhaften Königin Medb (Maeve) von Connacht beherbergen. Diese schöne, aber auch mannstolle und kriegerische Frau ist den Iren so wichtig, dass sie sie auf einer 1-Pfund-Banknote abgebildet haben.

Im County Majo wiederum, und zwar ein paar Kilometer westlich von Ballycastle an der R 314, wartet mit Céide Fields ein weiterer Superlativ, nämlich die größte neolithische Ausgrabungsstätte der Welt. Die unter einer dicken Torfschicht freigelegten Mauerreste stammen von einem 5000 Jahre alten Dorf, über dessen Bewohner die Archäologen eine Menge herausgefunden haben.

Ganggräber, bei denen die eigentliche Grabkammer (mitunter sind es auch mehrere) am Ende eines Ganges liegt, finden sich im Boyne Valley gleich drei, nämlich Dowth (der Öffentlichkeit nicht zugänglich), Knowth und Newgrange. Letzteres kann sich eines Durchmessers von rund 90 und einer Höhe von fast elf Metern rühmen. Die große Grabkammer, neben der drei kleinere Nebenkammern liegen, ist über einen 19 Meter langen Gang erreichbar, der von bis zu zwei Meter hohen Steinen gerahmt wird.

Eine schillernde Gottheit

Bei derlei Monumentalität ist es kein Wunder, dass hier die Machtzentrale von Dagda, des Bosses der Túatha Dé Dannan, vermutet wird. Gibt es doch bis jetzt keine vernünftige Antwort auf die Frage, wer hier – Newgrange wird auf 3200 Jahre vor Christi

Geburt datiert – und an den vielen anderen Megalithbauten seine Lust auf Stein so aufwändig, ja exzessiv ausgelebt hat. Besagter Dagda jedenfalls kann nicht nur zaubern, sondern auch dichten und Harfe spielen. Dank seines Wunderkessel, aus dem er bei den großen Festivitäten von Brú na Bóinne die Anwesenden speist und tränkt, hat er eine Menge Freunde, die ihn bei allen nur möglichen Gelegenheiten einen Guten heißen. Obwohl er Herr über die Zeit ist und auch das Wetter kontrolliert, wäre er ohne seine mächtige Keule nur die Hälfte wert. Kann er doch mit ihr sowohl töten – und zwar gleich neun Männer auf einen Streich – als auch Tote wiedererwecken.

Schwach wird er höchstens bei Frauen. So hielt er Boand zuliebe mehrere Monate die Sonne an. Allerdings soll er alles andere als gut aussehen. Hinzu kommt, dass seine Garderobe nur aus einem dürftigen Kittel besteht. Und mit seinen Manieren ist es ebenfalls nicht weit her. Er benähme sich, so die Nachrede, wie ein Bauer oder noch schlimmer. Angesichts seiner phänomenalen sexuellen Aktivitäten wundert es nicht, dass es in seiner Familie drunter und drüber geht. Offensichtlich scheint er doch nicht alles unter Kontrolle zu haben. So wird als Vater seines Sohnes Donn auch der gälische König Mil genannt. Noch verworrener scheint allerdings Dagdas Beziehung zu Danu (oder Dana) zu sein, die gleichzeitig als seine Gattin, Mutter und Schwester gilt. Zusammengefasst kann man sagen: Dagda ist einmal mehr der Beweis dafür, dass sich die Götter außerhalb jener Normen bewegen, deren Einhaltung sie vom Volk verlangen.

Links:
Der in der bizarren Landschaft des Burren gelegene Poulnabrone Dolmen ist eine der bekanntesten und meistfotografierten Sehenswürdigkeiten Irlands.

Links Mitte:
Der Kilclooney Dolmen bei Ardara (County Donegal) wurde vor über 4000 Jahren errichtet.

Unten:
Die Ausmaße der berühmten Grab- und Kultanlage von Newgrange sind beeindruckend: Der Hügel ist 13 Meter hoch und misst im Durchmesser 80 Meter.

Naas sieht sich als „Stadt der Könige und Pferde“. Während die hier einst residierenden Könige von Leinster längst zu Staub zerfallen sind, ist das berühmte Rennen auf dem Punchestown Racecourse höchst lebendige Gegenwart.

Die Region um Naas ist seit langem für ihre Pferdezucht bekannt und das Punchestown Festival gilt als wichtigstes Pferderennen der Saison. Dabei wird natürlich auch bei den Buchmachern gewettet.

Die Anlage der Powerscourt Gardens umfasst verschiedene Gärten sowie einen großen Landschaftspark nebst Rotwildgehege. Hier geraten nicht nur Naturfreunde und Blumenliebhaber ins Schwärmen, sondern all jene, die gerne ihrer Fantasie freien Lauf lassen.

Die Skulpturen in den Powerscourt Gardens entstammen den verschiedensten Zeiten und Mythologien. Man trifft auf Götter, Engel und andere Fabelwesen. Der Viscount Powerscourt gab um 1730 die Anlage in Auftrag, weitere Ziergärten kamen Mitte des 19. Jahrhunderts hinzu.

Linke Seite:
Die romantische Naturkulisse der Powerscourt Gardens wurde schon mehrmals für Filmaufnahmen genutzt. So für Stanley Kubricks „Barry Lyndon“ und John Boormans „Excalibur“.

Links:
Der Powerscourt-Wasserfall ist der höchste des Landes. Rund 120 Meter stürzt sich das Wasser des Dargle kaskadisch in die Tiefe.

Seite 74/75:
Der Lough Tay ist einer der vielen landschaftlichen Höhepunkte an dem seit 1983 ausgewiesenen 125 Kilometer langen Fernwanderweg durch die Wicklow Mountains.

Wasserfall im Glenmacnass-Tal, nahe dem etwas über 500 Meter hohen Sally Gap, einem der beiden Pässe, die die Wicklow Mountains von Ost nach West (oder umgekehrt) überqueren.

Die Gipfel der Wicklow Mountains im Schneekleid. Der granitene Bergstock erstreckt sich von Dublin rund 60 Kilometer gen Süden.

Es gibt nur zwei Straßenverbindungen zwischen dem Tal des River Barrow im Westen und der Irischen See im Osten.

Linke Seite: Blick in die Orangerie des Killruddery House, die Mitte des 19. Jahrhunderts von William Burn entworfen und erbaut wurde und eine beeindruckende Skulpturensammlung beherbergt.

Killruddery House ist eines der ersten im Elisabethanischen Stil erbauten Herrenhäuser in Irland. Links liegt die Orangerie.

Die Gärten von Killruddery wurden Ende des 17. Jahrhunderts im Auftrag von Captain Edward Brabazon, dem 4. Earl of Meath, von dem französischen Landschaftsgärtner Bonet angelegt.

Lesung auf dem Martello Tower (Joyce-Museum) in Sandycove. Alljährlich am 16. Juni, dem „Bloomsday", beginnt hier die berühmte literarische Wanderung auf den Spuren von James Joyce beziehungsweise dessen Helden Stephen Dedalus und Leopold Bloom aus dem Roman „Ulysses".

Badevergnügen am „Forty Foot" genannten Strand neben dem Martello Tower in Sandycove. Früher war er als Nacktbadeplatz, „for gentlemen only", ausgewiesen.

Mönche waren es, die im 5. Jahrhundert auf dem Gebiet des heutigen Wicklow eine Klostersiedlung errichteten. Später erkannten die Normannen die günstige Lage des Hafens und sicherten ihn mit einer Burg.

Der Leuchtturm am Hook Head (County Wexford) ist der älteste der Insel. Bereits im 13. Jahrhundert wies ein Feuer den vorbeifahrenden Schiffen den Weg. Das heutige Gebäude wurde vor circa 200 Jahren errichtet.

Fromm und ein wenig schräg – Irlands Heilige

Die Gälen teilten das Land in rund 150 Herrschaftsgebiete auf. Sitz der Hochkönige und der Druiden, der gelehrten Priesterschaft, war der Hill of Tara. Warum diese im 5. Jahrhundert gewissermaßen Hals über Kopf zum Christentum überliefen, ist bis heute ein Rätsel. Offenbar war der heilige Patrick, der ab dem Jahre 432 die Missionierung betrieb, wirklich so ein toller Typ, wie uns die – später gestrickten – Legenden Glauben machen wollen. Dass er die alte Religion und das Wissen der Druiden nicht mit Stumpf und Stiel ausrotten, sondern – wo es ging – integrieren ließ, spricht jedenfalls für ihn. Und dürfte auch der Grund sein, warum in Irland die gälische Sprache und Kultur bis heute weiterleben.

Unten: Wie ihr Name – Glendalough – verrät, liegt die vom heiligen Kevin im 6. Jahrhundert gegründete berühmte Klostersiedlung in einem Tal mit zwei Seen.

Land der Verheißung

Patricks Kollege Brendan wiederum rief mehrere klösterliche Gemeinschaften ins Leben – darunter die berühmte Abtei Clonfert. Doch damit war sein missionarischer Eifer längst noch nicht gestillt. Reisen zu den schottischen Inseln und nach Wales bildeten den Auftakt für eine viel längere und gefährliche Unternehmung – nämlich die Fahrt übers Meer ins „Land der Verheißung": Das Schiff war zwar nicht besonders groß, aber durchaus seetüchtig. Seine Konstruktion bestand aus einem hölzernen Rahmen, der mit einer Haut aus Leder bespannt war. Erfinder dieses ersten Faltbootes waren übrigens die Wikinger, die also – entgegen weit verbreiteter Meinung – den von ihnen heimgesuchten Völkern nicht nur das Fürchten gelehrt haben. Nachdem Brendan und seine Gefährten ganze fünf Jahre den Atlantik abgesucht hatten, fanden sie wirklich die gesuchte Insel, durften sie jedoch nicht betreten. Duldete doch die heilige Erde des Eilands kein Gefährt auf ihrem Rücken, für dessen Bau Tierblut geflossen war. So blieb den Seefahrern nichts anderes übrig als umzukehren. Doch sie kamen wieder, diesmal mit hölzernen Booten. Und wurden daraufhin im „Land ohne Sünde" von Engeln willkommen geheißen. So geschehen um die Mitte des 6. Jahrhunderts.

Die „Navigatio", wie der rund 200 Jahre später erschienene Bericht über diese wundersamen Seereisen betitelt wurde, avancierte rasch zum Bestseller. Immerhin versprach er nichts Geringeres als das heiß ersehnte Paradies. Dieses war sogar bis ins 18. Jahrhundert hinein auf diversen Seekarten verzeichnet. Demnach müsste der Entdecker Amerikas nicht Leif Eriksson oder Christoph Kolumbus, sondern St. Brendan heißen.

Eine Männergesellschaft?

Die größten und bedeutendsten frühen Klostersiedlungen waren Glendalough und Clonmacnoise. Letztere wurde um 550 durch den heiligen Ciarán gegründet und entwickelte sich schon bald zur ersten Adresse in Sachen Gelehrsamkeit und Kunstfertigkeit. So entstanden hier nicht nur bedeutende Handschriften, wie zum Beispiel das Book of the Dun Cow (12. Jahrhundert), sondern auch großartige Kultgegenstände. Blickfang von Clonmacnoise sind die Ruine der Kathedrale sowie gleich zwei jener

Rechts: Neben der Jungfrau Maria widerstehen auf Tory Island noch rund 150 Menschen der rauen Natur und den Umsiedlungsplänen der Behörden.

Rundtürme und drei jener Hochkreuze (darunter das zu den schönsten und besterhaltenen des ganzen Landes zählende „Cross of the Scriptures"), die den mittelalterlichen irischen Klosteranlagen ihr unverwechselbares Gepräge verleihen.

Während die Türme der Beobachtung und Verteidigung dienten, stehen die Hochkreuze für Frömmigkeit und Bekehrung. Dem entspricht auch das Bildprogramm. Die frühen Kreuze wurden fast ausschließlich mit Ornamenten geschmückt, ab dem 8. Jahrhundert überwogen figürliche Darstellungen. Einen besonders großen und schönen Rundturm hat Glendalough. Er stammt aus dem 10. Jahrhundert und ist 31 Meter hoch. Obwohl die andere bauliche Hinterlassenschaft, darunter verschiedene Kirchen sowie jene originelle Bienenkorbhütte, die dem Klostergründer St. Kevin als Zelle gedient hat, nicht gering zu schätzen ist, rührt der besondere Reiz der Anlage aus ihrer überaus romantischen Lage.

Links:
Viele steinerne Heiligen- und Engelsfiguren, unter anderem dieses Relief, kann man auf dem Rock of Cashel bestaunen.

Links Mitte:
Rundturm und Hochkreuze von Clonmacnoise. Das größte irische Kloster wurde Mitte des 6. Jahrhunderts durch den heiligen Ciaran gegründet.

Nachdenklich stimmen muss, dass unter den großen Heiligen der Insel nur eine einzige Frau ist. Dafür übertraf St. Brigida, eine Königstochter, die meisten ihrer Kollegen an Format. So gründete sie 470 in Kildare ein Doppelkloster für Mönche und Nonnen. Auch soll sie ein Gedicht über ein „Himmlisches Festmahl" verfasst haben, das sie noch sympathischer macht:

„Ich möchte die Männer des Himmels
bei mir zu Gast haben
und große Fässer voll Fröhlichkeit
ihnen kredenzen …
Einen großen See von Bier
will ich bereithalten für den König der Könige;
ich möchte die Heilige Familie
trinken sehen in alle Ewigkeit."

Oben:
Am Fuße jenes Berges, auf dem er sich eine vierzigtägige Buße auferlegt haben soll, spendet der heilige Patrick in Stein den Pilgern seinen Segen.

Das Ende des 12. Jahrhunderts errichtete Zisterzienserkloster Jerpoint Abbey geht auf den damaligen König von Ossory zurück. Die schönsten Grabmäler stammen aus der Werkstatt der Familie O'Tunney, das wundertätigste soll das des Bischofs O'Dulany sein.

Wie die Legende berichtet, wurde in der Abbey of Kells das „Book of Kells", die auf der Insel Iona begonnene berühmte Handschrift, zu Ende gebracht.

Kilkenny Castle, eine Burg der Marshalls, datiert vom Beginn des 12. Jahrhunderts. Aus dieser Zeit sind noch die drei mächtigen Rundtürme erhalten geblieben. Später wurde die Anlage mehrfach um- und ausgebaut.

Seite 86/87: Glanzstück von Kilkenny Castle ist die Große Halle mit der herrlich ausgemalten Decke. Die Motive sind teils keltischen Vorbildern, teils dem Stil der Präraffaeliten verpflichtet.

Links:
Als Ausgangspunkt für die Besichtigung des legendären Rock of Cashel besitzt das rund 3000 Einwohner zählende gleichnamige Städtchen – hier die Hauptstraße – eine gute Infrastruktur.

Ganz links:
Große Geschichte und idyllische Gegenwart. Auf dem Rock of Cashel, einem die Ebene von Tipperary überragenden Kalksteinfelsen, konzentrierte sich über Jahrhunderte hinweg die höchste weltliche und geistliche Macht der Insel.

Das Mitte des 12. Jahrhunderts errichtete Cahir Castle zählt zu den größten Burgen des Landes. Sein heutiges Aussehen erhielt es im 15. und 16. Jahrhundert. Es steht von April bis Oktober zur Besichtigung offen.

Rechte Seite: Rhododendronblüte in den Knockmealdown Mountains. Der höchste und namensgebende Gipfel dieses in den Counties Tipperary und Waterford gelegenen Gebirgszuges endet kurz unter der 800-Meter-Grenze.

Die Counties Waterford, Cork und Kerry – der Süden

Eine grandiose Schöpfung der Natur: die Steilküste am Mizen Head. Der Weg vom Parkplatz zu den rund 200 Meter hohen Klippen ist nur kurz. Ringsum zeigen sich Heide und Ginster von ihrer schönsten Seite. Und wenn noch das Wetter mitmacht, ist das Schauspiel vollkommen.

Die Counties Waterford, Cork und Kerry – der Süden

Irlands Südküste gibt sich sehr einladend. Sie ist sowohl von der Topografie bevorzugt als auch vom Klima. Je weiter man nach Westen kommt, desto interessanter wird die Vegetation, desto malerischer die Landschaft. So findet man hier Palmen und zahlreiche andere Gewächse, die eigentlich in wärmeren Gefilden zu Hause sind. Und die Küste wird immer zerklüfteter.

Im äußersten Südwesten tobt seit Ewigkeiten ein besonders heftiger Kampf zwischen den Elementen. Dabei kann das Meer unübersehbare Vorteile für sich verbuchen. Ist es doch tief in die Küstenlinie eingedrungen. Als letzte Widerständler sind nur fünf Felsenfinger übrig geblieben. Der südlichste ist die Halbinsel Mizen Head mit dem Hauptort Ballydehob und einem Aussichtspunkt der Superlative namens Three Castle Head. Von den sich in einem Klippensee spiegelnden Ruinen der drei spätmittelalterlichen Turmhäuser bietet sich ein unglaublicher Blick über das Wasser bis zur Halbinsel Beara. Nach der einsamen, fast menschenleeren Sheep's Head Peninsula gibt sich der dritte Finger gebirgig und wildromantisch. Und hat seine Fans, die ihn sogar der Iveragh-Halbinsel mit dem berühmten „Ring of Kerry" vorziehen. Auf dieser rund 180 Kilometer langen Traumstraße sind die landschaftlichen Höhepunkte so dicht aneinander gereiht, dass das Auge fast nicht zur Ruhe kommt. Und wer trotzdem noch nicht genug hat, fahre auf die Dingle Peninsula, wo das Schauspiel eine nicht minder grandiose Fortsetzung erfährt.

In diesen Bienenkörben ähnelnden steinernen Behausungen auf Skellig Michael widerstanden die Mönche über Jahrhunderte der rauen Natur, der Einsamkeit und den Raubzügen der Wikinger.

Weltverloren – Skellig Michael

Die ersten mönchischen Gemeinschaften in Irland folgten dem Vorbild keltischer Stammesstrukturen. Aus Fürsten wurden Äbte. Statt des lauten Hoftreibens suchte man nun die klösterliche Einsamkeit. So auch der heilige Finnian (470–549), dessen über die Gründung des Klosters Clonard hinausreichendes Verdienst darin besteht, junge Leute um sich geschart zu haben, die sein Werk fortführten. Die Liste seiner Schüler liest sich wie ein „Who is Who" der frühen irischen Kirchengeschichte. Er unterwies sowohl St. Brendan, den Seefahrer, als auch St. Columban und St. Ciarán – um nur die bekanntesten Namen zu nennen.

Auf seine Veranlassung hin soll sich eine Handvoll namenloser, gleichwohl verwegener wie gottesfürchtiger Männer ausgerechnet ein winziges, sturmumtostes Felseneiland vor der Südwestküste der Insel als Domizil für ihre klösterliche Gemeinschaft erwählt haben. Um möglichst viel Abstand zwischen sich und das Meer zu bringen, errichteten sie in rund 200 Metern Höhe aus flachen Steinen und ohne Mörtel Bienenkörben ähnelnde Behausungen (clochán). Doch ehe sie dort hinaufkamen, mussten sie erst über 600 Stufen in den Fels schlagen. Die „Himmelsleiter“ erfordert Schwindelfreiheit. Doch diese besaßen auch die Wikinger, die das Kloster gleich mehrere Male heimsuchten. 812 töteten sie den Vorsteher und ließen, nachdem sie die Boote zerstört hatten, die Mönche ohne Nahrung zurück. Vielleicht hat hier im 10. Jahrhundert sogar ein wichtiges Kapitel nordischer Geschichte gespielt. Jedenfalls lässt sich eine isländische Saga so interpretieren, dass die norwegische Königin Astrid auf der Insel Zuflucht gefunden und ihren später so legendären Sohn Olaf Tryggvason geboren haben soll. Dem Erzengel Michael geweiht wurde das Eiland vermutlich im 12. Jahrhundert.

Die Elfen von Lismore

Thomas Bourke gehörte zu jenen Menschen, denen ein vertraulicher Umgang mit dem „Stillen Volk“ nachgesagt wurde. Der in der Gegend von Lismore beheimatete Pächter soll den Elfen nicht nur seinen Reichtum, sondern auch übernatürliche Fähigkeiten verdankt haben. So heilte er unter anderem *„ein junges Mädchen, die Schwester eines Krämers, der in seiner Nähe lebte, welche der Elfenschlag getroffen hatte, als sie von einer Leiche zurückkehrte und mehrere Tage lang sprachlos geblieben war. Er schlug beharrlich jede Belohnung aus und sagte, wenn er auch nicht so viel hätte, um sich satt zu essen, er in diesem Falle nichts annehmen würde, weil das Mädchen bei der Leiche einen von dem ‚Guten Volk‘, der zu seiner eigenen Familie gehörte, beleidigt hätte.“*

Nach- und weiterlesen kann man diese Geschichte in den von den Gebrüdern Grimm 1826 herausgegebenen „Irischen Elfenmärchen“. Die beiden besorgten jedoch nicht nur die Übersetzung ins Deutsche, sondern lieferten auch hochinteressante Informationen über das Wesen der Elfen. So, dass diese *„einen luftigen, fast durchsichtigen Körper (haben), der so zart ist, daß ein Tautropfen, wenn er darauf springt zwar zittert, aber nicht ausein-*

Lismore Castle datiert aus dem 12. Jahrhundert. Es wurde wahrscheinlich auf den Mauern eines im 7. Jahrhundert gegründeten Klosters errichtet. Das berühmte „Book of Lismore“ aus dem 15. Jahrhundert befindet sich heute im Nationalmuseum in Dublin.

Die Hafenstadt Cobh, zeitweilig auch Queenstown genannt, wird von einer neugotischen Kirche überragt. Unter den vielen Auswanderern, die von hier aus nach Übersee aufbrachen, war auch Annie Moore, die als erste Irin amerikanischen Boden betrat.

anderrinnt. Dabei sind sie von wunderbarer Schönheit, Elfen sowohl als Elfinnen, und sterbliche Menschen können mit ihnen keinen Vergleich aushalten …

In den Sommernächten, wenn der Mond scheint, am liebsten in der Erntezeit, kommen sie aus ihren geheimen Wohnungen hervor und versammeln sich zum Tanz auf gewissen Lieblingsplätzen, gleichfalls heimliche und verborgene Orte, wie Bergtäler, Wiesengründe bei Bächen und Flüssen, Kirchhöfe, wohin selten Menschen kommen. Oft feiern sie ihre Feste unter geräumigen Pilzen oder ruhen unter ihrem Schirmdach. Bei dem ersten Strahl der Morgensonne verschwinden sie wieder und es ist, als rausche ein Schwarm Bienen oder Mücken dahin.

Ihre Kleidung ist schneeweiß, manchmal silberglänzend, notwendig gehört dazu ein Hut oder Käppchen, wozu sie meist die roten Blütenglocken des Fingerhuts wählen …

Menschen, die vorwitzig sich nähern oder gar sie necken, bestrafen sie hart, sonst pflegen sie gegen Wohlgesinnte, die ihnen vertrauen, freundlich und hilfreich zu sein."

Hafengeschichten

Bis Ende der 1950er-Jahre war Cork Harbour Irlands wichtigster Hafen. Dieser befindet sich jedoch nicht in der namensgebenden Stadt, sondern auf Great Island. Besser bekannt als Cobh, der Name des Hauptortes. Von hier wurden Güter und Menschen in alle Welt verschifft: irische Butter, irische Sträflinge und irische Auswanderer. Darunter auch Annie Moore, die erste Irin, die mit ihren beiden Brüdern amerikanischen Boden betrat. So geschehen am 1. Januar 1892, ihrem 15. Geburtstag. Zur Erinnerung an die vielen Iren, die aus bitterer Not und Verzweiflung ihre Heimat gen Übersee verließen, wurde 1993 vor dem Cobh Heritage Centre eine Bronzestatue der mutigen jungen Frau enthüllt. „The Queenstown Story" – zu Ehren des Besuches Königin Victorias trug das Städtchen von 1849 bis 1921 diesen Namen – wird in einem interessanten Museum erzählt. Sie handelt auch von Katastrophen. Das berühmteste Schiff, das Cork Harbour verließ, um nie wiederzukehren, war die „Titanic". Und zwar am 11. April 1912, drei Tage vor ihrem Untergang.

Nicht allzu weit entfernt, im Städtchen Kinsale, nahm eine andere Geschichte ihren Anfang, die sogar in die Weltliteratur einging. Man schrieb das Jahr 1703, als die beiden britischen Segler „St. George" und „Cinque Ports" nach Südamerika ausliefen, um dort französische und spanische Schiffe zu kapern. An Bord war auch jener als Raufbold und Trinker bekannte Schotte Alexander Selkirk, der von seinem Kapitän auf einer unbewohnten Insel ausgesetzt und erst nach mehr als vier Jahren von einem anderen Schiff wieder aufgenommen wurde.

Selkirks Abenteuer dienten Daniel Defoe (um 1660–1731) als Vorlage für seinen berühmten Roman „Robinson Crusoe".

„Es war ein großer schöner Garten …"

Und zwar in Oscar Wildes Märchen „Der selbstsüchtige Riese": *„Da und dort im Grase standen schöne Blumen gleich Sternen, und zwölf Pfirsichbäume waren da, die im Frühling zarte, rotweiße Blüten trugen und im Herbst von Früchten schwer waren. Die Vögel saßen auf* *den Bäumen und sangen so süß, dass die Kinder zuweilen im Spielen innehielten, um ihnen zuzuhören."* Leider wollte besagter Riese den Garten alleine haben, weshalb er eine hohe Mauer darum errichtete. Den Walled Garden gibt es nicht nur im Märchen, sondern wirklich. Aus dem mittelalterlichen „Hortus conclusus" hervorgegangen, zählt er heute zu den Besonderheiten der englischen und irischen Gärten. Ob Mount Usher oder Powerscourt in der Grafschaft Wicklow oder Bantry, Muckross und Ilnacullin Gardens hier im Südwesten der Insel – sie alle haben einen mehr oder minder großen ummauerten Bereich, der Wind und Kälte abhält. Die Hauptarbeit leistet allerdings der Golfstrom. Die warmen Meeresströmungen bewirken relativ milde und ausgeglichene Temperaturen. Die Sommer sind zwar nicht allzu warm, dafür gibt es aber im Winter nur selten Frost. Dank des besonderen Mikroklimas in dem von den Mauern umschlossenen Bereich gedeihen hier sogar Pfirsiche, Nektarinen und Trauben.

Auf der berühmten Garteninsel Garinish Island (Ilnacullin) gibt es außer dem Walled Garden noch einen Italienischen und einen Zederngarten sowie ein Moorbeet, ein „Tal des Glücks" und einen „Dschungel" zu bestaunen. Dazu diverse Baulichkeiten wie ein Gartenhaus, einen Turm und einen Tempel. Als Annan Bryce vor rund 100 Jahren das karge Felseneiland erwarb, hatte er ein Paradies vor Augen. Doch bevor es so weit war, musste er erst unzählige Schiffsladungen Erde auf die Insel bringen und sie mit einem Gürtel aus Bäumen bepflanzen lassen. Als diese groß genug waren, um den Wind abzuhalten, begann der Architekt Harold Peto mit der Errichtung des Gartenreiches.

Das Landstädtchen Bantry kann sich einer über die Grenzen des Landes hinaus bekannten Schloss- und Gartenanlage rühmen. Bantry House, von einem märchenhaften Barockgarten umgeben, wurde im 18. Jahrhundert errichtet.

Rechte Seite: Die Town Clock am Hafen von Cobh – wie sie auch die Passagiere der „Titanic“ gesehen haben, die hier am 11. April 1912 auslief und drei Tage später vor Neufundland sank.

Wenn diese Häuser, die an der Old Street in Cobh Spalier stehen, reden könnten, hätten sie viel zu berichten. 1849 war der Name des Städtchens in Queenstown geändert worden – anlässlich eines Besuches von Queen Victoria, 1922 erhielt es seine heutige Bezeichnung.

Heutzutage ist nur schwer vorstellbar, dass Cobh Harbour einst der wichtigste Hafen der Insel war. Von hier lichteten sowohl die Gefangenentransporte nach Australien als auch die Auswandererschiffe nach Amerika ihre Anker.

Seite 100/101: St. Mary's Cathedral in Cork wurde in den dreißiger Jahren des 19. Jahrhunderts im Auftrag des Dominikanerordens errichtet. Wesentlich älter, nämlich aus dem 14. Jahrhundert stammend, ist die in Elfenbein geschnitzte flämische Madonna auf dem Hauptaltar.

Weithin sichtbares Wahrzeichen von Cork, der zweitgrößten Stadt der Republik Irland, ist der – „Pepperpot" genannte – Turm der St. Anne's Church, die Anfang des 18. Jahrhunderts geweiht wurde.

Rechte Seite: Im Vordergrund der River Lee, dahinter die neugotische St. Finbar's Cathedral, die zwischen 1865 und 1880 anstelle eines alten Klosters erbaut wurde, dessen Gründer zum Schutzheiligen von Cork avancierte und dem Gotteshaus den Namen gab.

FARMGATE
CAFÉ
EXIT
Moynihan
McDonnell

Linke Seite:
Der English Market in Cork ist allein schon wegen seiner Architektur, die das Viktorianische Zeitalter spiegelt, einen Besuch wert. Nach zwei kurz aufeinanderfolgenden Bränden in den 1980er-Jahren erstrahlt er längst wieder in altem Glanz.

Cork liegt in einem Sumpfgebiet, das im Laufe der Zeit kanalisiert wurde. Hier eine Fußgängerbrücke über den River Lee (South Channel). Im Hintergrund St. Finbar's Cathedral.

Auch wenn der Hafen von Cork bis heute eine große wirtschaftliche Bedeutung besitzt, lag seine Hoch-Zeit im 19. und frühen 20. Jahrhundert. Vor allem irische Butter ging von hier aus in alle Welt.

Die nahe Cork an der Mündung des Owenboy River gelegene Ortschaft Crosshaven, in der rund 1350 Menschen leben, ist ein beliebter Urlaubsort. Höhepunkte der maritimen Saison sind die Regatten, bei denen sowohl Segler als auch Ruderer und Kanuten um den Sieg streiten.

POWER

The Grey Hound
the
Milk
Market
Café
great food
all day
GREY HOUND

Linke Seite:
Hätte sich der als Prediger in Cork wirkende Father Theobald Mathew (1790–1856), Begründer der Abstinenzbewegung, mit seinen Forderungen durchgesetzt, würde es auch diesen Pub in Kinsale nicht geben.

Links:
Blickfang in Rot: Daltons Bar in Kinsale ist für schmackhafte Fischgerichte sowie solche mit Meeresfrüchten bekannt. Während für deren Zubereitung Colme Dalton zuständig ist, backt seine Frau Frances das Brot und den Kuchen.

Bantry Bay 1796. Wie schon sieben Jahre zuvor scheiterte auch diesmal ein Kommandounternehmen französischer Schiffe, die den aufständischen United Irishmen zur Hilfe kommen wollten – mit dem Ergebnis, dass Irland fünf Jahre später endgültig England einverleibt wurde. Jedenfalls hat es der damalige Eigentümer des Herrenhauses verstanden, seine Verdienste ins rechte Licht zu setzen und gehörigen Profit daraus zu ziehen. Im Bantry House kann man Kunstwerke aus ganz Europa bewundern.

Bantry House diente auch als Kulisse für Daniel Defoes Roman „Moll Flanders“, dessen Hauptfigur, die „zwölf Jahre Dirne war, fünfmal heiratete, darunter ihren Bruder, zwölf Jahre lang stahl, acht Jahre lang deportierte Verbrecherin in Virginia war, schließlich reich und ehrbar wurde“, zu den schillerndsten Frauengestalten der Weltliteratur gehört.

Ganz links:
Strandidylle bei Dough, nahe dem Mizen Head. Im Sommer trifft man hier manchmal auf ein paar Badelustige, doch die andere Zeit des Jahres ist man mit sich und der Welt allein.

Links:
Die bizarre Steilküste am Mizen Head, dem südwestlichsten Punkt Irlands, zählt zu den beeindruckendsten Natur-Inszenierungen, die das Meer auf der Insel erschaffen hat.

Auf der Überfahrt von Glengarriff nach Garinish Island passiert man einen Felsen, den sich die Seehunde zum Sonnenbaden ausgesucht haben. Die Tiere scheinen es regelrecht zu genießen, im Mittelpunkt der Aufmerksamkeit zu stehen und lassen das Boot ziemlich nahe an sich herankommen.

Im Gegensatz zu der kargen, abweisenden Berglandschaft im Landesinneren gibt sich die Küste der Halbinsel Beara – hier die Ballyáonegan Bay – geradezu lieblich und einladend.

Der Golfstrom macht es möglich: Die Küste und die Inseln in der Bucht von Bantry, allen voran Garinish Island, können sich einer geradezu üppigen Vegetation rühmen.

„Lebenswasser“ made in Irland

Anders als der Titel „Whiskey in the Jar“ vermuten lässt, geht es bei diesem berühmten irischen Volkslied, das dank „Thin Lizzy“ und „Metallica“ sogar in die Rock-Geschichte eingegangen ist, nicht nur ums Trinken, sondern auch um schweren Diebstahl. Allerdings kann sich der Bösewicht, der Captain Farrel um seine Geldkatze erleichtert hat, nicht lange daran erfreuen. Bringt ihn doch ausgerechnet sein Liebchen ins Gefängnis:

„Ich ging in meine Kammer,
ein Schläfchen wohl zu machen.
Ich träumte von Juwelen
und anderen schönen Sachen.
Doch Jenny füllte Wasser in meine Pistole
und schickte nach dem Captain,
mich aus dem Schlaf zu holen.“

... heißt es dazu in der deutschen Nachdichtung von Ralph Kalenberg. Darüber, wie es im Knast und danach mit ihm weitergeht, gibt es verschiedene voneinander abweichende Versionen. Doch das ist, wie es scheint, nicht so wichtig. Hauptsache, es ist noch genug Whiskey im Krug. Kein Wunder, dass man allein schon beim Hören dieses tollen Songs durstig wird.

Die Iren rühmen ihren Whiskey als den ältesten der Welt. Er war vielleicht schon im Gepäck der Römer. Wenn nicht, dann in dem der Normannen. Der Name des hochprozentigen Mitbringsels lautet „aqua vita“. Daraus machten die Iren in ihrer Sprache „uisce beatha“. Und die englischen Aggressoren unter Heinrich II. „uskhy“ – was der heutigen Benennung schon sehr ähnelt. Jedenfalls ist der Whiskey bereits seit dem späten zwölften Jahrhundert auf der Insel nachgewiesen. Das erste ihn betreffende Gesetz datiert von 1556. Als 1921 der Freistaat proklamiert wird, gewinnt der größte Teil der Insel zwar seine Unabhängigkeit, verliert dabei jedoch – fast – sein über alles geliebtes „Wasser des Lebens“. Praktisch der gesamte Export bricht weg. Der nach Amerika wegen der Prohibition, der nach England und die wichtigen Commonwealth-Staaten wie Kanada, Südafrika, Australien und Neuseeland aus politischen Gründen. Während die schottische Konkurrenz frohlockt, kämpfen die irischen Brennereien ums Überleben. Um die Mitte des vergangenen Jahrhunderts müssen solch klingende Namen wie Kilbeggan, Coleraine, Comber und Tullamore das Handtuch werfen. So gibt es heute in Irland nicht einmal mehr eine Handvoll Unternehmen, die selber brennen. In Schottland hingegen an die 70.

Unten:
Der Crown Liquor Saloon – die luxuriöse Einrichtung datiert aus der Mitte des 19. Jahrhunderts – ist ohne Zweifel der schönste Pub von Belfast.

Bushmills, Midleton und Cooley

Die Firma Bushmills ist im Nordosten der Insel beheimatet. 1608 gegründet, gilt sie als älteste lizenzierte Brennerei der Welt. Vielleicht rührt ihr über die Jahrhunderte hinweg währender Erfolg daher, dass – zumindest indirekt – der heilige Columban daran beteiligt ist. Mündet doch „sein Fluss“, der St. Columb's River, in den Bush-River, dessen Wasser von der Brennerei genutzt wird. Jedes der insgesamt acht Lagerhäuser von Bushmills bietet 22 000 Fässern Platz, die in zwölf Lagen übereinander gestapelt werden. Dort haben sie in der Regel zwölf oder auch 16 Jahre zu warten. Am längsten, nämlich 21 Jahre, jener Malt, der eine kupferbraune Farbe

Rechts:
Die fast 40 000 Besucher, die jährlich in die Locke-Brennerei nach Kilbeggan kommen, brauchen sich über mangelnden Vorrat an Whiskey keine Sorgen zu machen.

hat und kräftig nach Madeira-Toffee sowie einem Hauch Minze duftet. Sein Körper wiederum erinnert an Irish Cream. Nachdem er den Gaumen mit dem Geschmack gebutterten Toasts sowie dem von Aprikosenmarmelade und Erdbeertorte liebkost hat, zaubert er im Nachklang zarte Ingwernoten – behauptet Dave Broom, Redakteur des „Whisky Magazine". Bei solch langer Lagerung ist die Verdunstung besonders groß. Wie der Name – „Angel's share" – verrät, kommt der Schwund in den Fässern den Engeln zugute. Wie viele es sind, die ihn unter sich aufteilen, und ob es manchmal auch zu Streitereien kommt, ist nicht bekannt. Hatte Bushmills zunächst hauptsächlich zwei Whiskeys auf dem Markt, wurde das Angebot nach und nach breiter. Heute erfreuen sich neben den Blends auch die Single Malts großer Beliebtheit.

In Midleton, rund 25 Kilometer von Cork entfernt, gab es seit 1820 eine Brennerei. Diese wurde 1975 durch eine zweite abgelöst, die mit einer Jahresproduktion von 200 000 Hektolitern rund das Vierfache dessen auf den Markt bringt, was die beiden anderen Firmen produzieren. Ein so vielfältiges Sortiment gibt es nirgendwo sonst auf der Insel. Neben Klassikern wie „Paddy" und „Murphy's" kommt aus dieser Brennerei auch ein viel gelobter Neuer namens „Midleton Very Rare".

Links:
Eigentlich ist das Kleeblatt, Irlands inoffizielles Nationalsymbol, dreiblättrig. Doch das Lebenswasser bewirkt offensichtlich auch im Pflanzenreich Wunder.

Links Mitte:
In diesen Fässern lagert ein kostbarer Schatz, nämlich Whiskey aus der Tullamore-Brennerei, die im Jahre 1829 gegründet wurde.

Oben:
Die J. Curran Bar in Dingle ist ein beliebter und gemütlicher Ort der Geselligkeit für Einheimische und Besucher.

Als die Cooley Distillery aus Kartoffeln nur einen Benzinzusatz beziehungsweise trinkbaren Alkohol lieferte, war sie für Whiskey-Freunde uninteressant. Doch das änderte sich ab 1987, als John Teeling, der in Harvard mit einer Arbeit über den irischen Whiskey den Doktorhut erworben hatte, die Firma übernahm und den überzeugenden Beweis führte, dass er nicht nur ein Mann der Theorie, sondern auch der Praxis ist. Mein Lieblingswhiskey aus Cooley ist übrigens der Connemara Peated Single Malt.

Seite 118/119: An der St. Finian's Bay. Die feine Schokolade, die in dem winzigen Fischerort hergestellt wird, kennt in Irland jeder. Und die Angler schwärmen von den kapitalen Wolfsbarschen.

Das im Südwesten des County Kerry gelegene, elf Kilometer lange und drei Kilometer breite Valentia Island zählt zu den westlichsten bewohnten Inseln Europas. Es ist durch eine Brücke mit dem Festland verbunden. Im Sommer verkehrt zusätzlich eine Fähre.

Auf Valentia Island leben rund 700 Menschen. Um ein Vielfaches höher ist die Zahl der Schafe, die sich als Fotomodelle immer wieder gut machen.

Skellig Michael: Die beiden Gipfel der vom 6. bis ins 12./13. Jahrhundert bewohnten Mönchsinsel sind rund 200 Meter hoch und bieten einen fantastischen Ausblick.

„Blind Man's Cove" heißt der „Hafen" von Skellig Michael. Zu erreichen von Portmagee – an Valentia Island und Little Skellig vorbei – nach rund anderthalbstündiger Bootsfahrt.

Rechte Seite: Um Skellig Michael auf den Kopf zu steigen, muss man genau 670 in den Fels geschlagene Stufen bewältigen. Dafür braucht man nicht nur eine gute Kondition, sondern auch ein wenig Trittsicherheit.

Rechts:
Rund drei Kilometer von Cahersiveen entfernt, bietet die von Efeu überwucherte Ruine von Ballycarbery Castle einen überaus romantischen Anblick. Die Überreste der Burg stammen aus dem 16. Jahrhundert.

Ganz rechts:
Wasserfall im Gap of Dunloe, einer sich zum Ende hin immer mehr verengenden Schlucht im rund 60 Quadratkilometer umfassenden Killarney-Nationalpark.

Strandreiter am Rossbeigh Beach bei Glenbeigh. Die herrliche Landschaft der Halbinsel Kerry lässt sich wunderbar auf dem Rücken eines Pferdes erkunden.

Mitten im Killarney-Nationalpark gelegen, erwartet das Mitte des 19. Jahrhunderts erbaute Muckross House seine Gäste. Die von wunderschönen Gärten umgebene Viktorianische Villa zählt zu den sehenswertesten Herrenhäusern des Landes.

Vom Ring of Kerry lohnt sich der kurze Abstecher zum Lough Caragh allemal. Und zwar sowohl für Angler – auf die prächtige Lachse sowie große Forellen warten – als auch für Wanderer.

Gemessen an der Größe der Ortschaft gibt es in Dingle sehr viele Pubs. Und so hat man die Qual der Wahl.

Dick Mack's Pub in Dingle ist eine jener typischen irischen Kneipen, die sowohl für alkoholische als auch für musikalische Freuden stehen.

Livemusik – hier in Dick Mack's Pub – bekommt man nahezu überall zu hören. Dabei handelt es sich freilich nicht in jedem Fall um Irish Folk.

Dingle, der Hauptort der gleichnamigen Halbinsel, rühmt sich, die am westlichsten gelegene Stadt Europas zu sein.

Spektakulär gibt sich die Felsküste am Slea Head, der Südwestspitze der Halbinsel Dingle. Im Hintergrund, etwa zwei Kilometer vom Festland entfernt, liegt Great Blasket Island, die größte Insel des gleichnamigen Archipels.

Irische Farbkomposition: Küstenlandschaft nahe dem kleinen Fischerhafen Dunquin, im Hintergrund noch einmal die Hauptinsel der Blasket Islands, zu der in der Sommersaison Boote übersetzen.

Bis 1953 waren die fünf größten Inseln der Blasket Islands noch bewohnt. Seitdem stehen die Gehöfte leer. Viel über die Geschichte des Archipels erfährt man in dem Buch „Die Boote fahren nicht mehr aus", eine Autobiografie von Thomas O'Crahan (übersetzt von Annemarie und Heinrich Böll), der bis zu seinem Tod im Jahre 1937 auf dem Archipel gelebt hat.

Seite 130/131:
Ein herrlicher Sandstrand erstreckt sich auf Great Blasket Island. Die Bewohner lebten bis 1953, bis sie die Insel komplett verließen, relativ isoliert und waren deshalb Gegenstand vieler Forschungen seit dem späten 19. Jahrhundert. Heute genießen Esel die Ruhe und das schmackhafte Gras.

Die rund 4300 Einwohner zählende Ortschaft Listowel ist ein kleines Provinzstädtchen am River Feale. Doch alljährlich in der letzten Septemberwoche ist hier mächtig was los. Der Grund sind die berühmten Pferderennen, bei denen Groß und Klein begeistert dabei sind.

Sehenswürdigkeiten sind in Listowel eine Burgruine sowie die Nachbildung der historischen Einschienenbahn. Richtiges irisches Leben erfährt man auf den Pferderennen, bei denen begeistert angefeuert und gewettet wird.

Von Limerick zum Croagh Patrick – der Westen

Connemara: Da sind „Hochmoore, schwarze schnelle Bäche auch, da sind Gebirgszüge und Berge, die einzeln stehen, da sind Seen, unzählige Seen …“, schreibt Margit Wagner in ihrem schönen Buch über Irland (Prestel Verlag).

Von Limerick zum Croagh Patrick – der Westen

„Herr Meyer, aus deutschem Land,
knüpfte in Limerick ein Liebesband.
Doch als er die Dame näher besah,
fand er in der Suppe ein Haar
und gab zurück ihre Hand."

Limerick, Irlands drittgrößte Stadt, wurde von den Wikingern gegründet. Bedeutendstes historisches Bauwerk ist die um 1200 für König Johann Ohneland errichtete Burg am Shannon. Über die Grenzen des Landes hinaus bekannt wurde die Stadt jedoch durch jenen zumeist humorigen Fünfzeiler, der ihren Namen trägt. Ob zu Recht oder Unrecht, lässt sich wahrscheinlich nie hundertprozentig klären. Ehrlich gesagt ist der Streit der Gelehrten nicht weniger lustig als das, worum es dabei geht.

Nichts zu rütteln gibt es daran, dass der Shannon, mit rund 370 Kilometern Irlands längster Fluss, nahe Limerick in den Atlantik mündet. Nach einer zugegebenermaßen ausschweifenden Jugend – er taucht im wörtlichen Sinne für einige Zeit unter – gibt er sich später sichtlich geläutert. Fließt so brav und gelassen, dass selbst jene Freizeitkapitäne, die zum erstenmal ein (Haus-)Boot steuern, gut zurechtkommen und die stille Schönheit der Midlands genießen können, wo es allerdings außer den Ruinen der Klosterstadt Clonmacnoise kaum andere spektakuläre Sehenswürdigkeiten gibt. Apropos Besucher: Diese mögen – neben dem County Kerry – besonders die Region Connemara im County Galway. Dabei ist diese weitgehend baumlos. Dafür haben, wie Margit Wagner in ihrem

Limerick in abendlicher Illumination. Links die Thomond Bridge über den Shannon, rechts das King John's Castle. Namensgeber der imposanten fünfeckigen Burg war König Johann Ohneland (1167–1216).

wunderschönen Irland-Buch (Prestel) schreibt, *„die guten Geister, die Connemara bewohnen … diese Armut mit himmlischen Farben zugedeckt, mit unbeschreiblichen Tönen, in die sich die Bergkegel träumend hüllen.“* Auf dem Croagh Patrick (County Mayo), wo sich der Heilige eine vierzigtägige Buße auferlegt haben soll, sind die Einheimischen größtenteils wieder unter sich. Zur großen Wallfahrt alljährlich am letzten Julisonntag strömen Tausende von Pilgern auf den Berg.

Steine und Menschen

Mit Irlands „abendlichen Provinzen“, so die einhellige Meinung der Fans, hat es die Natur besonders gut gemeint. Vielfalt und Dramatik der Landschaft sind einmalig. Besonders die vielfach zerklüftete und eingebuchtete Küste. Allen voran die über 200 Meter hohen Cliffs of Moher als wohl meistbesuchte Natur-Inszenierung der Insel. Jedenfalls wird der Parkplatz immer größer. Klar, dass auf den senkrecht zum Meer abfallenden Klippen manche Leute vor sich selber geschützt werden müssen. So ist das Betreten der gefährlichsten, zum Teil überhängenden Stellen inzwischen verboten. Nichtsdestotrotz bietet der Pfad auf dem Klippenkamm noch genug Nervenkitzel sowie reihenweise fantastische Ausblicke aufs Meer.

Das kaum weniger spektakuläre Gegenstück dazu heißt Burren, eine sich an die Südseite der Galway Bay anschließende Kalklandschaft von geradezu unheimlichem Gepräge. Hier mangelt es nahezu an allem, nur nicht an Gestein. Ein Obrist Cromwells brachte die Sache auf den Punkt: *„Zu wenig Bäume, um einen zu erhängen, zu wenig Wasser, um einen zu ersäufen, zu wenig Erde, um einen zu verscharren.“* In der Tat scheint hier die Allmacht des Steins grenzenlos. Sowohl für die Natur als auch für die Menschen war das Überleben besonders schwierig. Dazu passt die Geschichte von Leamaneh Castle, dessen ältester Teil, der fünfstöckige Turm, auf das Jahr 1480 zurückgeht, während das Herrenhaus aus der ersten Hälfte des 17. Jahrhunderts datiert. Connor O'Brien, der Bauherr, konnte sich jedoch nicht allzu lange daran erfreuen, er starb auf dem Schlachtfeld. So geschehen im Jahre 1651. Seine Frau Máire Rua – die rothaarige Marie – wusste sich nur dadurch zu helfen, dass sie sich von einem der feindlichen Offiziere ehelichen ließ. Dadurch rettete sie ihr Leben und das ihres Sohnes Donagh sowie ihren Besitz.

Donagh zog es jedoch später vor, seinen Sitz ins Dromoland Castle zu verlegen, das nicht nur wesentlich größer, sondern auch komfortabler war und heute ein Luxushotel beherbergt. Vielleicht war dies aber nicht sein einziger Grund, Leamaneh Castle zu verlassen und damit dem Verfall preiszugeben. Hält sich doch das hartnäckige Gerücht, dass sich seine Mutter des zunächst nützlichen und später nur noch lästigen englischen Ehemannes entledigte, indem sie ihn eigenhändig aus dem Fenster warf.

Möglicherweise gehört diese ungewöhnliche Häufung von Straßenschildern in Ballyvaughan, der im Burren gelegene Ort hat nur etwas über 200 Einwohner, ins Guinness-Buch der Rekorde. Ins Auge fällt sie allemal.

Pilger auf dem Gipfel des Croagh Patrick. Der seine Umgebung weit überragende Quarzitkegel kommt dem Himmel 765 Meter nahe. Der Aufstieg dauert gut drei Stunden.

Die Piratin

Obwohl Grace O'Malley nicht nur fünf Sprachen beherrschte – Gälisch, Latein, Französisch, Spanisch und Griechisch (Englisch, der Sprache der Unterdrücker, hingegen verweigerte sie sich aus Prinzip) – und so gut aussah, dass ihr die Männer aus der Hand fraßen, machte sie nicht in den Salons, sondern auf schwankenden Schiffsplanken Karriere. Nach ihrem Tod im Jahre 1603 beschäftigte sie erst recht die Gemüter – vorzüglich die der Poeten. Keine andere historische Frauengestalt Irlands wird so sehr verehrt, wurde so oft bedichtet und besungen wie sie. So auch in dem Musical „The Pirate Queen", das seit 2007 am Broadway läuft. Die berühmteste Eloge ist freilich jenes „Oró, se do bheatha 'bhaile" („Oro, willkommen zu Hause") betitelte Lied aus dem 16. Jahrhundert, das ihre Rückkehr aus der Gefangenschaft feiert. Eine umgearbeitete Version wurde zum Kampflied der IRA. Andere, von den „Dubliners" und Sinéad O'Connor interpretiert, eroberten die Charts.

Gráinne Ní Mháille (anglisiert: Grace O'Malley) befehligte als Chefin einer Piratenflotte 20 Schiffe und 6000 Matrosen. Geboren um 1530 auf Clare Island (County Mayo) als Tochter eines Clanoberhauptes, trat sie schon als junges Mädchen in die Fußstapfen ihres Vaters, dessen Wappenspruch „Terra marique potens" („Mächtig zu Lande und zu Wasser") sie auch zu ihrem machte. Nach dem Tod ihres ersten Ehemannes, dem sie als Sechzehnjährige anvermählt worden war und drei Kinder geboren hatte, verteidigte sie dessen Burg Aughnanure Castle in Connemara erfolgreich gegen die Engländer. Nach bestandener Feuerprobe kehrte sie wieder auf ihre Heimatinsel zurück, wo sie sich ebenso erfolgreich ihren Geschäften widmete, die im Aufbringen fremder Schiffe und Waren bestanden. Dabei ärgerte sie die Engländer so sehr, dass Königin Elisabeth sie faktisch als Staatsfeindin betrachtete und für ihre Ergreifung ein für die damalige Zeit unerhörtes Kopfgeld auslobte. Gráinne Ní Mháille fiel dann aber nicht durch Verrat in die Hände des Feindes, sondern während eines Gefechts. Statt nach ihrer Flucht aus der Gefangenschaft unterzutauchen, ging sie in die Offensive und erwirkte eine Audienz bei der Königin. Diese war offenbar von ihrer mutigen Gegenspielerin so beeindruckt, dass sie deren Rechtfertigung akzeptierte und den inhaftierten Söhnen die Freiheit schenkte.

Wo die Musik spielt

Das Pub in Cleggan, einem zehn Kilometer nordwestlich von Connemaras „Hauptstadt" Clifden gelegenen Fischerdorf, hofierte zugegebenermaßen weder draußen noch drinnen den Besucher. Der Fußboden bestand aus schwarzbraunen Brettern, deren letzte Ölung nicht sehr weit zurückliegen konnte. Jedenfalls schien der Geruch längerem Bleiben im Wege zu stehen. Und die Ausstattung, mit Tischen und Stühlen, die eher zufällig zueinander gefunden hatten, wirkte nicht gerade einladend. Ehrlich gesagt zweifelten wir an dem Versprechen, dass uns hier ein Erlebnis der besonderen Art erwarten würde.

Die Gäste, ausschließlich Einheimische, trudelten tröpfchenweise ein. Um acht Uhr, als es beginnen sollte, war der Laden nur halbvoll. Und die Musikanten ließen ebenfalls auf sich warten. Zuerst kam der Schlagzeuger, dann der Geiger und ein Akkordeonspieler. Eine biedere Altmännerband – so schien es jedenfalls. Tatsächlich brauchten die drei einige Stücke, um sich warm zu spielen. Doch dann wussten wir uns am rechten Ort. Musizierten und sangen sie doch ausgesprochen virtuos und perfekt. Und in völliger Hingabe. Als – ziemlich spät – der Dudelsack-Mann eintraf, war der Raum längst brechend voll, die Stimmung scheinbar nicht mehr zu überbieten. Doch das war ein Irrtum. Sänger und Musikanten aus dem Publikum belehrten uns eines Besseren. Einer imitierte bühnenreif Elvis. Danach brachte ein Duett aus Männlein und Weiblein mit schrecklich traurigen Balladen die Zuhörer zum Weinen. Und zu guter Letzt führten die Hexen, pardon: Frauen, noch den Besentanz vor.

Die Iren sind alles andere als ein Volk von Invasoren. Erst ihren Literaten und später auch ihren Musikern war es vergönnt, die Herzen der Menschen aus aller Herren Länder zu erobern. Der Höhenflug des Irish Folk (besser: der Traditional Irish Music) begann vor drei, vier Jahrzehnten. Seine Hauptstadt hieß Doolin. In den Pubs des nahe den Cliffs of Moher gelegenen Dorfes, in dem so manche internationale Karriere ihren Anfang nahm, wird bis heute vom frühen Abend bis spät in die Nacht hinein musiziert und gesungen. Doch die wirklich innovativen Jahre sind vorbei. Um gute Musiker zu hören, braucht man nicht mehr nach Doolin, sondern wird auch in Dublin und anderswo fündig. Ebenso in deutschen Konzertsälen, wo es sowohl Irish Folk als auch irische Rockmusik zu hören gibt – mit großen Protagonisten wie der Dubliner Band „U2" oder dem Urgestein Van Morisson.

Seite 140/141: Blick von einer Hotelterrasse auf das Stadtzentrum von Limerick. Die alte Wikingersiedlung wuchs im Laufe der Jahrhunderte zur drittgrößten Stadt der Republik (80 000 Einwohner).

Musiksession in Ciaran's Bar in Ennis. Die am River Fergus gelegene Stadt ist nicht nur Verwaltungssitz des County Clare, sondern auch Verkehrsknotenpunkt und Wirtschaftszentrum. Sie zählt rund 24 000 Einwohner.

Die Thomond Bridge, über Jahrhunderte hinweg die einzige Brücke in Limerick, aus verschiedenen Perspektiven gesehen. Der Name Thomond bedeutet Nord-Munster und bezieht sich auf das legendäre mittelalterliche Königreich, das in Irland von 1118 bis 1543 Bestand hatte.

Die vor rund 800 Jahren von König Mór O'Brian erbaute St. Mary's Cathedral in Limerick geht in ihrem heutigen Aussehen größtenteils auf das 15. Jahrhundert zurück. Das prächtige Chorgestühl datiert von 1489.

Ein Teil des King John's Castle wird heute museal genutzt. Die Ausstellung dokumentiert die Geschichte von Limerick und deren Schnittstellen mit der irischen Historie.

Den Milk-Market in Limerick gibt es seit 1852. Er gehört zu den schönsten und bekanntesten Lebensmittelmärkten in Irland. Höhepunkt des Markttreibens ist der große Wochenmarkt am Samstagvormittag.

Irische Szenen auf dem Milk-Market im Stadtzentrum von Limerick. Es ist durchaus vorstellbar, dass jene Besucherin, von der nachfolgender Fünfzeiler berichtet, in einem der umliegenden Restaurants eingekehrt ist:
„Eine Dame, die Irland bereiste,
versäumte dennoch das meiste,
denn in Limerick-Stadt,
wo's der Bauten viele hat,
besah sie sich gar nichts – sie speiste."

Bootsansichten am Lough Derg. Genau genommen handelt es sich bei Irlands drittgrößtem See um eine von drei Ausweitungen des Shannon. Er bedeckt eine Fläche von etwa 118 Quadratkilometern. Die durchschnittliche Wassertiefe beträgt vier Meter.

Ganz links:
Zu Füßen der vielbesuchten Bilderbuchburg Bunratty Castle gibt es ein sehenswertes Freilichtmuseum zu bestaunen. Die Gebäude – Wohnhäuser, Läden, Kneipen, Werkstätten, Schule, Postamt, Pfandleihe – spiegeln das dörfliche Leben des 19. Jahrhunderts wider.

Links:
Diese große Marienstatue findet sich nahe der kleinen Ortschaft Quin. Und zwar vor dem ehemaligen Franziskanerkloster Quin Abbey.

Quin Abbey steht auf den Mauern einer normannischen Burganlage. Die Franziskanerabtei wurde zwischen 1402 und 1433 errichtet. Der letzte Mönch lebte dort bis 1820. Danach verfielen die Gebäude allmählich.

Weist den Schiffen den Weg: Der Leuchtturm erhebt sich am Loop Head, einer Landzunge nördlich der Mündung des Shannon in den Atlantik.

Rechte Seite: Die Küste am Loop Head ist zwar nicht ganz so hoch wie die Cliffs of Moher, doch findet man auch hier zahlreiche Klippen und faszinierende Felsformationen, die spektakuläre An- und Aussichten bieten.

Links:
Bei den bis zu 200 Meter hohen und rund acht Kilometer langen Cliffs of Moher handelt es sich um eine der spektakulärsten Aufführungen des irischen Natur-Theaters. Und wenn dann noch ein Regenbogen aufzieht, ist das Märchen vollkommen.

Unten:
Meer und Fels formen ein herrliches Küstenbild bei Kilkee, einem beliebten Urlaubsort in der Grafschaft Clare. Die Ortschaft, deren Anfänge auf das 15. Jahrhundert zurückgehen, zählt nur 1300 Einwohner.

Seite 152/153:
„Über das wogengezeichnete Meer,/ über den sonnentrunkenen Scheitel der Welt heiße ich die Winde dich suchen./ Mögen sie dir, spät und früh, jenen Namen zurufen, den du einst liebtest ..." (Ella Young, 1867–1956) – Felsenküste bei Kilkee.

Kleine Bilder: Ob in Liscannor (oben), in Ennistymon (Mitte) oder in Doolin (unten) – die knallig bunten Fassaden der irischen Pubs wirken keineswegs aufdringlich, sondern liefern den passenden Kontrast zur Dominanz der grünen Umgebung.

Großes Bild: Livemusik gibt es auch in der 800-Seelen-Ortschaft Ennistymon. Wer glaubt, den einen oder anderen Titel der irischen Volksmusik schon einmal gehört zu haben, irrt nicht. Über den Großen Teich nach Amerika gekommen, machten etliche Songs in der Country- und Popszene eine zweite Karriere.

Jedem Castle sein Gespenst

Ludwig Tieck, einer der Wegbereiter und führenden Theoretiker der deutschen Romantik, wusste, wovon er sprach. Selbst „die schönste Gegend", so seine Erfahrung, hat „Gespenster, die durch unser Herz schreiten". Der beste Beweis dafür ist Irland. Kein Ort nirgendwo, an dem nicht schon einmal ein solches Nachtwesen gesichtet wurde. Am wohlsten fühlen sie sich offenbar in den Burgen und Schlössern.

So jene Füchse, deren Erscheinen ein untrügliches Zeichen dafür ist, dass einer aus dem Geschlecht der Gormanstons, die fast 600 Jahre lang das nach ihnen benannte Castle (County Meath) bewohnten, diese Welt verlassen muss. Den Grund für diese ungewöhnlichen Dienste soll jener Schlossherr geliefert haben, der im 17. Jahrhundert einer Füchsin und ihren Jungen bei einer Treibjagd das Leben gerettet hat. Im Jahre 1907 wurden die geheimnisvollen Tiere – ganz offensichtlich Geistwesen, die selbst die schärfsten Hunde nicht interessierten – zum letzten Mal gesehen.

Unten: Hoch über der zerklüfteten Causeway Coast thront die Ruine Dunluce Castle, die aus dem 14. Jahrhundert stammt.

Die unwahrscheinlichste Geschichte hat zweifellos Ross Castle zu bieten. Dort soll nämlich jedes Jahr am 1. Mai, seinem Todestag, der ehemalige Schlossherr aus dem Wasser des Lough Leane emporsteigen. Der Mann, ein berühmter Schwarzkünstler namens O'Donoghue Mor, hatte sich einst von seiner Gattin in Stücke zerschneiden und danach für sieben Wochen in einen Bottich einlegen lassen. Doch anstatt als Kind wiedergeboren zu werden, landete er im Jenseits – was jedoch nicht an ihm, sondern an seiner Frau lag, die bei dem Prozedere schlichtweg die Nerven verloren hatte. Ähnlich kopflos verhielten sich übrigens auch die Verteidiger der Burg, als sie sich im Jahre 1652 kampflos Cromwells Truppen ergaben, die Ross Castle von einem Boot aus beschossen. Glaubten sie doch eine alte Prophezeiung erfüllt, nach der die Burg nur vom See aus eingenommen werden könne.

Rechts: Wie (fast) alle irischen Ruinen ist auch Clifden Castle von Legenden umwoben. Bis heute scheint dort nicht alles geheuer zu sein.

Der steinerne Hund

Nicht weniger unheimlich ist die Geschichte jenes steinernen Hundes, der einst auf den Mauern von Antrim Castle stand und die Angreifer in Angst und Schrecken versetzte, heute jedoch ein ausgesprochen friedliches Dasein als Gartenplastik führt. Die Legende weiß zu berichten, dass dieses Tier einmal sehr lebendig gewesen ist und dabei Lady Marions Leben sowie die Burg gerettet hat.

Ähnlich anhänglich erwies sich jenes aus dem 16. Jahrhundert stammende Bild einer flämischen Madonna über dem Kamin des Turmzimmers von Malahide Castle, das die Talbots, sooft diese ihr Schloss verlassen mussten, begleitet hat und immer wieder mit ihnen zurückgekehrt ist.

Ab und an als Geist zurückkehren soll auch Lord Belfield. Und zwar nach Belvedere House, das er 1740 am Lough Ennell hatte errichten lassen. Wie groß muss sein Hass gewesen sein, als er bemerkte, dass seine Gattin seine Männlichkeit ziemlich gering schätzte und in dieser Angelegenheit sich lieber an seinen Bruder Arthur hielt. Der Gehörnte fühlte sich jedenfalls so gedemütigt, dass er alle beide hinter Gitter setzen ließ. Allerdings spricht vieles – so die von ihm in Auftrag gegebene „Jealous Wall", eine Mauer also, die seinem in der Nachbarschaft wohnenden anderen Bruder

den Blick auf Belvedere House beziehungsweise in dessen Räume verwehren sollte – dafür, dass der Mann im Kopf nicht ganz richtig gewesen ist.

Schließlich darf der alte Festungsturm von Dún Laoghaire nicht vergessen werden, den kein Geringerer als James Joyce in die Annalen des Unheimlichen eingebracht hat. Und zwar als während seines Besuches der Besitzer nach einem nächtlichen Albtraum mit der Pistole um sich schoss und nicht nur den Kamin, sondern auch die Bratpfannen über dem Bett traf, in dem der Dichter schlief. Nachzulesen im „Ulysses".

Links: Der letzte Eroberer von Ballycarbery Castle ist der Efeu. Die Ruine hat inzwischen eine ähnlich grüne Farbe wie ihre Umgebung.

Eine Frage des Preises?

Bliebe anzumerken, dass sich die irischen Schlossgespenster heute noch ihres Publikums sicher sein können. Das ist ganz wichtig, weil die größte Gefahr für diese Wesen aus anderen Welten und Zeiten aus dem Sieg der Vernunft über den Instinkt und die daraus erwachsende Unfähigkeit resultiert, sie überhaupt noch wahrzunehmen. Davon, wie so etwas im schlimmsten Falle ablaufen kann, weiß ausgerechnet das berühmteste Gespenst der Weltliteratur ein Lied zu singen. Erinnern wir uns: Ein reicher Amerikaner, der Schloss Canterville (das liegt in England; dafür ist Oscar Wilde, der Autor der Geschichte, Ire) gekauft hatte, wollte das dortige Gespenst gleich miterwerben: *„Ich komme aus einem modernen Land, wo wir alles haben, was mit Geld zu bezahlen ist; und wenn ich bedenke, wie unsere unternehmungslustigen fixen Jungen die Alte Welt unsicher machen und euch eure besten Schauspielerinnen und Primadonnen ausspannen, dann meine ich: Gäbe es wirklich noch ein Gespenst in Europa, so hätten wir es in allerkürzester Zeit bei uns in einem Museum oder bei Barnum oder auf dem Jahrmarkt."*

Links Mitte: Ross Castle am Lough Leane wurde von dem berüchtigten Schwarzkünstler O'Donoghue Mor bewohnt, der ein schreckliches Ende nahm.

Interessante Begegnung mit der Antike. Schauplatz: Die Mitte des 19. Jahrhunderts erbaute Orangerie von Killruddery.

Linke Seite: Lahinch, im County Clare am Atlantik gelegen, besitzt nicht nur einen herrlichen Sandstrand sowie ein großes Sport- und Vergnügungszentrum, sondern auch einen Golfplatz mit echter mittelalterlicher Staffage.

Kirchenruine bei Liscannor. Das an der R478 zwischen Lahinch und Doolin gelegene Fischerdorf kann sich zwar keines Sandstrandes rühmen, dafür aber einer der berühmtesten heiligen Quellen Irlands (St. Brigit's Well).

Auch wenn die irischen Rinder gegenüber den Schafen in der Minderheit sind, haben sie keinerlei Grund zur Klage. Können sie sich doch fast das ganze Jahr über das saftig-grüne Gras der Weiden schmecken lassen.

Küste bei Derreen (Burren). Die Rechnung ist einfach: glückliche Kühe = gute Milch = ausgezeichnete Butter. Sahnig, goldgelb und, selbst wenn sie aus dem Kühlschrank kommt, streichfähig.

Wo das Land endet und das Meer beginnt: Einsames Cottage bei Doolin. Die Romantik dieses Ortes spricht für sich.

Über die Jahrhunderte hinweg hat O'Brian's Tower bei Doolin den Angriffen der Menschen und der Natur getrotzt. Manchmal, wenn der Sturm um das Gemäuer braust, soll ein schreckliches Wehklagen zu hören sein. Auch will man hier schon Gespenster gesehen haben.

Landschaft nahe Corofin, einer am River Fergus gelegenen Ortschaft mit ritterlicher Vergangenheit und lebendiger Gegenwart, die als südliches Eingangstor zur Burren-Region gilt.

Seite 162/163: Für viele Irland-Fans ist der Burren die mystischste Landschaft der Insel. So weit das Auge reicht, Stein und nochmals Stein. Platten in den verschiedensten Formen. Dazwischen mächtige Klötze. Sowohl einzelgängerisch als auch in Gruppen.

Kalksteinskulpturen im Burren. Allen widrigen Umständen zum Trotz tragen die Berge und Täler in dieser Region nicht nur ein steingraues Einheitskleid, sondern auch mit grünen Applikationen geschmückte Garderobe.

Auch Oliver Cromwells Soldaten, die Mitte des 17. Jahrhunderts Irland heimsuchten, zeigten sich vom Burren beeindruckt. „Zu wenig Bäume, um einen aufzuhängen; zu wenig Wasser, um einen zu ersäufen; zu wenig Erde, um einen zu begraben" – befand einer der Offiziere. Doch genug fruchtbarer Boden für eine außergewöhnliche Flora mit seltenen Arten.

Rechts: Kilronan ist nicht nur Hauptort von Inishmore (Aran Islands), sondern auch Fährhafen. Die Insel ist von Galway und Rossaveal sowie in den Sommermonaten auch von Doolin aus erreichbar.

Ganz rechts: Cottage auf Inishmore. Die steinernen Trockenmauern, mit denen das sturmumtoste Eiland überzogen ist, schützen nicht nur die Tiere, sondern auch die „Gärten", in denen sich, da es kaum Erde gibt, der Kohl und die Kartoffeln mit Sand und Seetang zufrieden geben müssen.

Esel sind bekanntermaßen stur – was ihnen im Umgang mit den Menschen sehr zugute kommt. Doch diese Eigenschaft hilft ihnen offensichtlich auch, der rauen Natur auf den Aran Islands zu widerstehen.

Steilküste mit weidenden Kühen im Westen von Inishmore. Die zwölf Kilometer lange und bis zu drei Kilometer breite Insel verneigt sich terrassenförmig vor dem Meer.

Wie gefährlich die Gewässer um die Aran Islands sind, beweist dieses Schiffswrack am Strand von Inisheer, der östlichsten der drei bewohnten Inseln.

In Galway, Hauptstadt des County Galway, mündet der River Corrib in den Atlantik. In den letzten drei Jahrzehnten erlebte die größte Stadt des irischen Westens einen rasanten Aufschwung. Die Einwohnerzahl stieg auf circa 57 000.

Szenen aus der Fußgängerzone in Galway. Die Stadt entstand in der Nähe eines alten Klosters, die Burg datiert von 1124. Später wurde sie durch Handel reich. Nachdem hier bereits im 16. und 17. Jahrhundert eine berühmte Gelehrtenschule bestand, zieht heute die Universität viele junge Leute in die Stadt, die auch das Straßenbild prägen. Mehr als die Hälfte der Einwohner ist unter 44 Jahre alt.

Irland, deine Dichter

Dass man in einer Kirche einen verdienten Schriftsteller zur letzten Ruhe bettet, ist schon selten genug. Doch gleich das halbe Arbeitszimmer dieses Mannes mit Möbeln und Büchern in das Gotteshaus zu bringen, verwundert doch. Zu finden ist Swift's Corner im nördlichen Querschiff der St. Patrick's Kathedrale in Dublin. Jonathan Swift war nämlich von 1713 bis zu seinem Tod im Jahre 1745 Dekan dieses Gotteshauses gewesen. Nicht wenige seiner Zeitgenossen hielten ihn für geisteskrank. Grund war sein Buch „Gullivers Reisen“, das bis heute im Ruf eines Kinderbuch-Bestsellers steht, eigentlich aber eine geniale Satire auf die damalige englische Gesellschaft ist. Denn sowohl bei den Riesen und Liliputanern, aber auch auf der fliegenden Insel Laputa geht es – gelinde gesagt – recht seltsam zu. Geordnete Verhältnisse sind nur unter der Regentschaft von Pferden möglich.

Swifts Büste im Trinity College. Obwohl selber Pfarrer, stellte er, zumindest was den Menschen betrifft, den Erfolg der göttlichen Schöpfung in Zweifel.

An beißendem Spott ließen es andere große irische Schriftsteller ebenfalls nicht fehlen. So Oscar Wilde (1854–1900) im Roman „Das Bildnis des Dorian Gray“ und in diversen Komödien. Seine aus tiefer Desillusionierung genährten Wort-Attacken lesen sich so:

„Die Liebe beginnt damit, dass man sich selbst betrügt, und sie endet damit, dass man andere betrügt.“

„Es gibt nur zwei Arten von Menschen, die wirklich fesseln: Leute, die alles wissen und Leute, die überhaupt nichts wissen.“

„Als ich klein war, glaubte ich, Geld sei das Wichtigste im Leben. Heute, da ich alt bin, weiß ich: Es stimmt.“

Im Gegensatz zu Wilde, der vor allem auf das Individuum zielte, stellte George Bernard Shaw (1856–1950) auch die Gesellschaft bloß:

„Die Politik ist das Paradies zungenfertiger Schwätzer.“

„Demokratie ist ein Verfahren, das garantiert, dass wir nicht besser regiert werden, als wir es verdienen.“

„Hätte man bei der Erschaffung der Welt eine Kommission eingesetzt, dann wäre sie heute noch nicht fertig.“

Nobelpreisträger

Neben Erzählern wie Laurence Sterne (1713–1768), Oliver Goldsmith (1728–1774), Frank O'Connor (1903–1966), Flann O'Brien (1911–1966) oder Liam O'Flaherty (1897–1984) waren es vor allem Dramatiker, die die irische Literaturlandschaft geprägt haben. Gleich drei – William Butler Yeats (1865–1939), Shaw und Samuel Beckett (1906–1989) – wurden mit dem Nobelpreis geehrt. Der bislang letzte Ire, der die begehrte literarische Auszeichnung bekam, war 1995 der Lyriker Seamus Heaney.

Alljährlich am 16. Juni begehen die Verehrer von James Joyce (1882–1941) den Bloomsday – benannt nach jenem Leopold Bloom, den der Schriftsteller zum Helden seines „Ulysses“ erwählt hat – und begeben sich mit diesem Buch in der Hand auf Spurensuche durch Dublin. Geschildert wird darin ein einziger Tag in Blooms Leben, eben der 16. Juni 1904. Die Anlehnung an das berühmte antike Epos ist bewusste Provokation. Sind doch Blooms Taten alles andere als heldenhaft. Das meiste spielt sich in seinem Kopf ab. Nicht einmal seine

Rechts: Frank McCourt (1930–2009) gedachte in dem Roman „Die Asche meiner Mutter“ seiner entbehrungsreichen Kindheit und Jugend im Arbeiterviertel von Limerick.

Links:
Bücher und Büsten in der Old Library des Trinity College. Und zwar nicht nur von Literaten, sondern auch von anderen bedeutenden irischen Persönlichkeiten.

Links Mitte:
Jonathan Swift (1667–1745) war von 1713 bis zu seinem Tod Dekan der St. Patrick's Cathedral in Dublin, wo er auch seine letzte Ruhestätte fand.

Monologe sind öffentlich, sondern eine Sache des – zum Teil unbewussten – Innern. So erweist sich die Lektüre als ein schwieriges, ja detektivisches Unterfangen.

Ein Erzrebell

Die schillerndste Figur der irischen Literatur des 20. Jahrhunderts heißt Brendan Behan. Eruptiv-genial seine schöpferische Kraft, sein Verstand, seine Fantasie. Und unbeugbar sein soziales Gewissen. So war die Rolle des Rebellen, die er sowohl auf der Bühne des Lebens wie auf der des Theaters spielte, nur eine folgerichtige Konsequenz. Als er 1923 in Dublin geboren wurde, saß sein Vater gerade für die IRA im Gefängnis. Mit 16 schloss sich Brehan ebenfalls der Widerstandsbewegung an. Obwohl er nicht dazu kam, seinen Sprengstoff zu zünden, landete er für drei Jahre im Gefängnis. Seiner wiedergewonnenen Freiheit konnte er sich gerade einmal ein Jahr erfreuen, ehe er erneut hinter Gitter kam. Dass er nicht 14, sondern nur vier Jahre absitzen musste, verdankte er einer Generalamnestie. Schon in der Haft hatte er mit dem Schreiben begonnen. Der – sensationelle – Durchbruch gelang ihm 1955 mit dem Stück „Der Mann von morgen früh". Ging es darin um die letzte Nacht eines Gefangenen vor der Hinrichtung, hat die noch erfolgreichere Tragikomödie „Die Geisel" einen Puff als Schauplatz, in dem IRA-Leute einen englischen Soldaten gefangen halten, um die Freilassung eines zum Tode verurteilten Gesinnungsgenossen zu erpressen.

Gezeichnet von seiner exzessiven, zeitraffenden Lebensweise (er starb mit 41), konnte Behan seine letzten Werke – so den zweiten Teil der autobiografischen Prosa und ein unvollendet gebliebenes Stück namens „Richards Corkbein" – nur auf Tonband diktieren. Letzteres spielt zwar auf einem Gottesacker, ist aber, wie nicht anders zu erwarten, ein Loblied auf das irdische Dasein.

Vor dem Café Kylemore in Dublin erwartet James Joyce, in Bronze, seine Fans aus aller Welt.

Seite 172/173: Alljährlich im Oktober ist das im äußersten Osten des County Galway und südwestlich des Lough Ree gelegene Städtchen Ballinasloe Schauplatz eines der ältesten Pferdemärkte Europas.

Schafe am Lough Corrib. Der größte See der Republik Irland erstreckt sich über eine Fläche von rund 200 Quadratkilometern.

Wehrhaft ist dieses in einem See bei Derrylea gelegene Castle schon lange nicht mehr. Die Natur hat es im Laufe der Zeit auf ihre Weise vereinnahmt.

Der Lough Corrib ist fast 50 Kilometer lang. Dafür besitzt er eine „Wespentaille“ mit gerade einmal ein paar hundert Metern. Die unzähligen Buchten, Landzungen und Inseln sind vielen Wasservögeln ein ideales Refugium.

Wie ein grünes Schiff mutet diese Insel im Derryclare Lough an. Der malerische See liegt mitten im Herzen des 1980 gegründeten Connemara-Nationalparks, der ein Gebiet von rund 30 Quadratkilometern umfasst.

Seite 176/177: In einem fast unwirklich erscheinenden Meeresblau liegen traditionelle Fischerboote vor Gorumna Island, das inzwischen durch eine Brücke mit dem Festland verbunden ist.

Eines der Einfahrtstore nach Connemara ist die an der Spitze der fjordähnlichen Killary-Bucht gelegene Ortschaft Leenane, in der gleich mehrere Straßen aufeinandertreffen.

Pub in Roundstone. Der Name Shamrock steht für ein dreiblättriges Kleeblatt, anhand dessen der heilige Patrick den heidnischen Iren die Dreifaltigkeit erklärt haben soll. Jedenfalls machte die Pflanze auf der Insel mächtig Karriere und avancierte zum inoffiziellen Nationalsymbol.

Ob in Roundstone (oben links) oder in Clifden (oben rechts und unten), ob in einem Café oder in einem Pub – sobald sich die Sonne sehen lässt und der Wind etwas abflaut, hält es die Iren und ihre Gäste nicht mehr drinnen. Kommt doch das nächste Schlechtwetter ganz bestimmt.

Seite 180/181: Blick auf Clifden, den Hauptort von Connemara. In dem Städtchen an der Mündung des Owenglin-Flusses findet seit 1924 alljährlich im August ein Ponymarkt mit der weltweit größten Schau von Connemara-Ponys statt.

Die Ruine von Bunowen Castle, eine der zahlreichen Besitzungen des Geoghegan-Clans, thront einsam über der Ballyconneely Bay. Das stark befestigte Herrenhaus datiert aus dem frühen 18. Jahrhundert.

Der lange weiße Sandstrand von Dogs Bay gehört zu den schönsten Badeplätzen Westirlands. In der hufeisenförmigen Bucht ist die Strömung nicht so stark wie an anderen Stellen und das Schwimmen relativ gefahrlos.

An der Sky Road. Die bekannte Küstenstraße berührt nicht nur die Klippen nördlich von Clifden, sondern auch viele Buchten und Strände – überwölbt von einem hohen, weiten Himmel.

Die am gleichnamigen See gelegene Kylemore Abbey war eigentlich ein Schloss, das sich im 19. Jahrhundert ein wohlhabender Kaufmann im Stil des Historismus errichten ließ. Heute haben dort Benediktinerinnen das Sagen, die auch eine Mädchenschule unterhalten.

Pilger beim Aufstieg auf den Croagh Patrick. Die große Wallfahrt auf den Berg des Nationalheiligen führt jedes Jahr am letzten Sonntag im Juli bis zu 30 000 Gläubige aus allen Gegenden der Insel sowie nicht wenige Iren, die aus dem Ausland anreisen, zusammen.

Heilige Messe im Rahmen der Wallfahrt auf dem Croagh Patrick. Da auf dem Gipfel der Wind oft sehr stark ist, ist der Priester durch Glas geschützt.

Die Wallfahrt auf den Berg des heiligen Patrick ist für Jung und Alt gleichermaßen ein Erlebnis. Und wenn man den Aufstieg geschafft hat, wird man mit einer herrlichen Aussicht belohnt.

Strand bei Doogort auf Achill Island. Die Ortschaft beherbergt jenes Cottage, in dem Heinrich Böll ab Mitte der 1950er-Jahre die Ferien verbrachte und sein „Irisches Tagebuch" schrieb.

Wellenreiter und Seekajak-Fahrer bei Keel, einem reizenden Ferienort auf Achill Island. Die größte Insel vor Irlands Küste ist durch eine Drehbrücke mit dem Festland verbunden.

Allein schon die Wanderung zum Achill Head ist ein Abenteuer. Der Weg über die Klippen zum westlichsten Zipfel der Insel erfordert zwar ständige Konzentration, belohnt aber mit atemberaubenden Ausblicken.

Der feine Sandstrand in der Keem Bay auf Achill Island gehört zu den schönsten ganz Irlands. Er wird von bis zu 450 Meter hohen Bergen gerahmt, über die sich eine kurvenreiche Straße hinunter ans Meer schlängelt.

Vom „Yeats County“ zum „Giant’s Causeway“ – der Norden

Giant’s Causeway, der 1987 von der UNESCO zum Weltnaturerbe ernannte „Damm des Riesen“, ist etwa 60 Millionen Jahre alt. Die faszinierende Basaltsäulenformation entstammt einem Vulkan.

Vom „Yeats County“ zum „Giant’s Causeway“ – der Norden

Dass sich eine Region mit dem Namen eines Literaturnobelpreisträgers schmückt, nachdem der ihr eine Reihe literarischer Denkmäler gesetzt hat, ist ziemlich einmalig. Dabei wurde William Butler Yeats (1865–1939) weder in Sligo geboren, noch hat er dort längeren Wohnsitz genommen. Wohl aber fühlte er sich seit den sommerlichen Ferienaufenthalten bei seinem Großvater von der Magie dieser Landschaft so angezogen, dass er zeitlebens nicht mehr loskam und immer wieder zurückkehrte. Und er wollte dort auch begraben sein …

Yeats, der bei der Wiederbelebung der irisch-keltischen Traditionen eine führende Rolle spielte, erlebte in der relativ dünn besiedelten Grafschaft den Mythos der Natur besonders intensiv. Landschaft, Himmel und Licht brachten ihn nicht nur den Geheimnissen der Vergangenheit, sondern auch seiner Gegenwart so nahe wie nirgendwo anders:

„Vor einigen Monaten war ich auf dem kahlen Hügel von Allen … Die Sonne schien heiß auf den blühenden Stechginster und das blütenlose Heidekraut. In jede Richtung, außer im Osten, wo grüne Bäume und in der Ferne auch Hügel zu erkennen waren, sah ich den weiten Horizont, das braune, sumpfige Land mit hier und da ein paar grünen Flecken und dann das Glitzern des Wassers. Wäre ich nicht am frühen Nachmittag gekommen, sondern zur Dämmerstunde und wären nicht die Schatten der Wolken, sondern jene Nebelschwaden über das Land gezogen, hätte ein Empfinden wach werden können … ein Empfinden des Geheimnisvollen, das nicht wie bei den gotischen Völkern aus dem Alpdruck der Nacht aufsteigt, sondern aus der Weite der Landschaft und ihrem schnell wechselnden, flüchtigen Licht.“

Yeats starb in der Nähe von Nizza. 1948 wurde sein Leichnam auf den Friedhof des am Fuße des legendären Ben Bulben gelegenen Dorfes Drumcliff umgebettet. *„Krähen flogen von alten Grabsteinen auf, krächzten um den alten Kirchturm herum. Nass war*

Der auf einer Halbinsel südlich der Ortschaft Inver gelegene Leuchtturm von St. John’s Point weist – zusammen mit zwei weiteren Leuchtfeuern – den Fischern des südwestlichen Donegal den Weg.

Yeats' Grab, kalt der Stein, und der Spruch, den Yeats sich hatte auf seinen Grabstein schreiben lassen, war kalt wie die Eisnadeln, die aus Yeats' Grab heraus auf mich geschossen waren: Reiter, wirf einen kalten Blick auf das Leben, auf den Tod – und reite weiter" – schrieb Böll in sein Tagebuch. Der Grabspruch stammt aus dem Gedicht „Under Ben Bulben", das Yeats 1938 zu Papier gebracht hatte.

Die Schlacht ums Buch

Wie verschlungen die Wege mancher Heiligen sind, und dass diese keineswegs immer zu beneiden sind, mag das Beispiel St. Columbans (Colum Cille) belegen. Dieser wurde 521/522 im heutigen Donegal in einer Familie geboren, die sogar einige Hochkönige stellte. Unterwiesen wurde er durch den heiligen Finnian, der zunächst mehr als zufrieden mit ihm war. Immerhin ließ der junge Mann nicht nur mehrere Dutzend Kirchen errichten, sondern machte sich auch als Klostergründer (Daire Calcaich und vermutlich Durrow) verdient.

Doch dann nahm das Unheil seinen Lauf: Während eines Besuches bei seinem Lehrer kopierte er heimlich eines von dessen Büchern – was nicht verborgen bleiben konnte. Nachdem St. Finnian, stocksauer, vergeblich die Herausgabe der Abschrift eingefordert hatte, ließ er König Dermont entscheiden – der ihm mit der Begründung recht gab, dass so wie das Kalb zur Kuh auch die Kopie zum Buch gehöre. Diese zugegebenermaßen seltsame Urteilsbegründung bezüglich der ersten Raubkopie der Geschichte erboste Columban so sehr, dass er gegen den Monarchen zu Felde zog.

Die Schlacht ums Buch im Jahre 561 – manche Historiker sind allerdings der Meinung, dass dieser Anlass nur vorgeschoben war, um eine alte Rechnung zwischen König Dermont und der Sippe von Columban zu begleichen – forderte 3000 Tote. Columban wurde zur Strafe und Buße nach Schottland verbannt – mit der Auflage, dort so viele Heiden zu bekehren, wie er Menschenleben auf dem Gewissen hatte. Wieviele Seelen es genau gewesen sind, die er für den neuen Glauben gewonnen hat, ist nicht bekannt. Jedenfalls muss er sein Soll erfüllt haben, denn er kehrte später von der Hebrideninsel Iona, wo er 563 mit zwölf Gefährten jenes berühmte Kloster gegründet hatte, das zum geistlichen Zentrum Schottlands wurde – und seinen Status als Heiliger rechtfertigte – gleich mehrere Male wieder nach Irland zurück.

Grenzen und Gräben

Die politische Teilung der Insel kam keinesfalls aus heiterem Himmel, sondern war die Konsequenz aus der konfessionellen, wirtschaftlichen und sozialen Spaltung. Nachdem die Wege der

Auch wenn in Sligo und dessen Umgebung vieles an den Dichter William Butler Yeats erinnert, führen die hiesigen Buchhandlungen nicht nur dessen Bücher, sondern ein breites Sortiment.

Der Albert Memorial Clock Tower in Belfast, eine Hommage an den 1861 verstorbenen Gemahl Königin Victorias, wurde 1870 seiner Bestimmung übergeben. Seinem Alter entsprechend hat sich das knapp 35 Meter hohe Bauwerk inzwischen leicht zur Seite geneigt. So hat auch Belfast seinen schiefen Turm.

Republik Irland und des zu Großbritannien gehörenden Nordirlands zunächst weit auseinander gingen und alle Versuche, sie mit Gewalt wieder zusammenzuführen, die Gräben noch vertieften, gibt es inzwischen nicht nur Zeichen der Hoffnung, sondern auch Fakten. So ist von der Grenze zwischen den beiden Teilen der Insel praktisch nichts mehr zu bemerken, und es kann durchaus vorkommen, dass ausländischen Besuchern erst angesichts eines Straßenschildes oder einer Geschwindigkeitsbegrenzung, auf denen nicht mehr von Kilometern, sondern von Meilen die Rede ist, ein Licht aufgeht. Oder an einer Tankstelle, wo sie statt mit Euro mit Pound Sterling zahlen müssen. Zudem unterscheidet sich sehr wohl der Whiskey von hüben (Midleton und Cooley) und drüben (Bushmills). Doch das hat nicht das geringste mit Politik zu tun, sondern ist einzig und allein eine Frage des Geschmacks.

Zurück zu den Grenzen, von denen im Land selbst noch einige bestehen. So jene mitten durch Belfasts Westen verlaufende hohe Mauer mit dem sinnigen Namen „Peace Wall", die bei den Besuchern ziemlich gemischte Gefühle hervorruft. Doch ohne ihre Existenz, so das Eingeständnis vieler sowohl auf protestantischer (Shankill Road) als auch auf katholischer Seite (Falls Road), hätte man sich untereinander noch mehr angetan. Und würde es vielleicht noch heute tun …

Küstenwege

Nachdem die Zeit der blutigen Auseinandersetzungen zwischen Loyalisten und Republikanern auch zum Tod des Tourismus geführt hatte, kann man sich inzwischen in Nordirland prinzipiell genau so sicher fühlen wie im anderen Teil der Insel. So kam die Auferstehung als Reiseland schneller als gedacht. Auch wenn die Region dichter besiedelt ist als der Süden, präsentiert sich die Natur nicht weniger vielfältig und interessant. Zu ihren schönsten Offenbarungen zählt zweifellos die durch eine Traumstraße erschlossene Küste der Grafschaft Antrim. Dort finden sich der berühmte „Giant's Causeway" und jene wunderschönen neun Täler (Glens of Antrim), die allein schon in ihrem Namen viel versprechen beziehungsweise erahnen lassen.

Das schönste – „Königin der Glens" genannte – ist das „Fruchtbare Tal" (Glenariff). Doch auch das „Tal des Huflattichs" (Glenaan) (besagtes Kraut wächst hier zwar auch, aber die blühenden Fuchsien machen viel mehr her) hat seine Liebhaber. Ebenso das „Tal der Hecken" (Glencloy) und das „Tal der Riedgräser" (Glenhesk). Während es im engen „Dunklen Tal" (Glendun) nur an der Sonne mangelt, war es im „Tal der Armee" (Glenarm) und vor allem im „Tal der Gemetzelten" (Glencorp) die

Achtung vor dem Leben. Bliebe noch das „Tal von Eamons Stadt" (Glenballyeamon) zu nennen, das zwar landschaftlich nicht mit den anderen mithalten kann, dafür aber ein komplett unter Denkmalschutz stehendes Dorf (Cushendall) vorzuweisen hat. Nicht zu vergessen das „Tal der Taisie" (Glentaisie), um das sich ein fehlgeschlagener Entführungsversuch rankt: Taisie, die Tochter des Königs von Rathlin, feierte gerade Hochzeit, als der norwegische König sie rauben wollte und dabei sein Leben verlor.

Ein grandioses Wunder der Natur

„Giant's Causeway" gibt es seit rund 60 Millionen Jahren. Zum Vergleich: Die berühmte Brennerei im nahe gelegenen Städtchen Bushmills ist gerade einmal 400 Jahre alt. Jedenfalls kommen hier oben, an der Nordküste des County Antrim, sowohl die Freunde des Whiskeys als auch der Natur auf ihre Kosten. Die 50 000 (nach anderer Zählung 60 000) Basaltsäulen des „Dammes der Riesen" erwachsen einer rund 25 Meter dicken Lavaschicht und erreichen eine Höhe von bis zu zwölf Metern. Zur Entstehung dieses grandiosen Naturwunders gibt es zwei Erklärungen, eine wissenschaftliche und eine sagenhafte. Erstere erklärt die bizarren Säulen als Folge einer besonders langsamen und gleichmäßigen Abkühlung der Lava. Dadurch kommt es zu Spannungsrissen, die genau senkrecht zur Abkühlungsfläche verlaufen. Die andere Deutung ist eine Sache des Glaubens: Und zwar soll der sagenhafte Seher, Dichter, Jäger und Krieger Fionn mac Cumhaill seine Hände im Spiel gehabt und den Damm deswegen erbaut haben, um seinen schottischen Widersacher Benandonner nach Irland zu locken. Der dumme Riese biss tatsächlich an. Er kam aber ein wenig zu früh. Fionn, vom Dammbau ziemlich ausgepumpt, brauchte Zeit, um wieder zu Kräften zu kommen. In seiner Not verkleidete er sich als Baby. Als Benandonner den „Kleinen" erblickte, wollte er seinen Augen nicht trauen. Wie groß und stark, so sein Gedankengang, musste bei solch einem Kind erst der Vater sein. So machte er auf der Stelle kehrt und eilte zum Strand zurück. Seine Angst, dass Fionn ihm folgen könnte, war so groß, dass er den Damm hinter sich zerstörte.

Der Torr Head ist einer der bekanntesten Aussichtspunkte an der Küste von Antrim. Obwohl man ihn auch, über Cushendun, mit dem Wagen erreichen kann, ist die weitaus schönste Annäherung die zu Fuß.

The Rusty Pub und freundliche Pubbesucher in Teelin. Der Hafen des nahe der Klippen von Slieve League, also am nordwestlichen Ende der Donegal Bay, gelegenen Dorfes besaß in früheren Jahrhunderten eine große Bedeutung.

Ungefähr der siebente Teil der Grünen Insel ist von Mooren bedeckt. Der Torf wird seit Jahrhunderten als Brennmaterial genutzt. Patrick O'Brien aus Meenlaragh baut ihn bis heute von Hand ab.

Einsames Cottage bei Glencolumbkille. Wie der Name verrät, ist der in einer Gaeltacht-Region (in der die vorherrschende Sprache offiziell Irisch ist) gelegene Ort eng mit Leben und Wirken des heiligen Kolumban verbunden.

Blick auf Glencolumbkille. Alljährlich am 9. Juni erwacht der etwa 700 Seelen zählende Ort aus seinem Dornröschenschlaf. Kommen doch dann viele Pilger, um den heiligen Kolumban (521–597), der hier ein heute verschwundenes Kloster gegründet hatte, zu ehren.

Aus Himmel, Land und Meer, aus Fels, Heide und Wiesen gemacht: Landschaft bei Burtonport, einem kleinen Hafenort in den sogenannten Rosses, einer im äußersten Nordwesten der Republik gelegenen Region.

Am Glengesh-Pass erreicht die Straße von Adara nach Carrick eine Höhe von 270 Metern. Dort bietet sich eine herrliche Aussicht über das am nördlichen Rand der Banagh-Halbinsel gelegene ehemalige Gletschertal und die umliegenden Berge.

Bloody Foreland ist nicht, wie der Name vermuten ließe, eine Mördergrube, sondern eine breite Landspitze, deren Name sich mit der blutig-roten Färbung der Granitfelsen erklären lässt. Beim Sonnenuntergang „glüht" sogar das Meer.

Szenen im Hafen von West Town auf Tory Island. Die etwa vier Kilometer lange und maximal einen Kilometer breite Insel liegt zwölf Kilometer von der Küste Donegals entfernt im Meer.

Für West Town gilt das alte Wahrwort nomen est omen nicht. Die Siedlung, die nur eine Handvoll Häuser zählt – hier die „Hauptstraße“ – verdient schwerlich die Bezeichnung „Stadt“.

Seite 200/201: Der Barde Talesien (ca. 534– ca. 599) wurde nicht müde, die „unendliche Macht, (die) in den Gezeiten des Meeres schlummert“, zu besingen. Auch diese grandiose Felsenlandschaft an der Nordostküste von Tory Island ist ein Werk der See.

Irische Landschaftsbilder: Meer, weiter Himmel und einsame Cottages inmitten von Grün – an der Küste bei Gortahork (oben) und Downies (unten) im County Donegal.

Cottages am Malin Head, dem nördlichsten Punkt des Festlandes Irlands auf der Halbinsel Inishowen. Noch weiter nördlich liegt die Insel Inishtrahull.

Das Patrioten-Spiel

Die Behan-Brüder haben auch die Kehrseite des bewaffneten Widerstandes gegen die britische Herrschaft thematisiert: Brendan auf der Bühne, Dominic (1928–1989), einer der bekanntesten Liedermacher und Musiker Irlands, in seinem berühmten Song „The Patriot Game". Dieser erzählt die Geschichte des 16-jährigen Fergal O'Hanlon, der 1957 beim Überfall der IRA auf die Kaserne von Brookeborough sein Leben verlor. Rückblickend lässt Behan den Toten über sich und seine Rolle nachdenken:

„… es ist über ein Jahr her, dass ich daheim fortging und mich dem örtlichen Bataillon der IRA anschloss. Ich hatte von unseren Helden gelesen und wollte werden wie sie. So wurde ich Teil des Patrioten-Spiels … Ich ging zu einem Bataillon von Ballybay und gab meine Kindheit fröhlich auf. Denn jetzt als Soldat würde ich trainieren, um meine Rolle zu übernehmen in diesem Patrioten Spiel … Es macht mir nichts aus, einen Polizisten zu erschießen. Sie sind Lakaien des Krieges und nie Wächter des Friedens. Aber auf Deserteure würde ich nie schießen, diese Rebellen, die das Patrioten-Spiel aufgaben …"

Unten und rechte Seite ganz oben: Die beiden Wandmalereien finden sich an der Newtonards Road im östlichen Teil Belfasts. Wie unschwer zu erkennen, stammen sie von Loyalisten.

Er zieht den Schluss: *„Die Liebe zum Vaterland kann zu einer schrecklichen Sache werden. Sie … macht uns alle zu einem Teil in dem Patrioten-Spiel."* (Übersetzung F. Hetmann) Dieses Spiel ist offenbar ganz einfach: Am Anfang sind die Akteure noch am Leben, am Ende nicht mehr. Oder im Gefängnis. Man darf sich also fragen, warum es trotzdem funktioniert.

In seiner Erzählung „Das Wunder" schildert Charles Witherspoon den Gewissenskonflikt eines jungen Mannes namens Kevin, der den Stadtverordneten McCane in aller Öffentlichkeit liquidieren soll. Zu diesem Zweck gibt man ihm eine präparierte Tasche, in der nicht nur, gut sichtbar, eine Puppe liegt, sondern auch eine Pistole versteckt ist. *„Sobald du ihn herauskommen siehst"*, so die Anweisung, *„steckst du die Hand in den Schlitz und ziehst die Kanone raus. Geh auf etwa drei Meter an ihn ran und halte immer die Tasche über die Waffe. Ziele hoch auf die Brust, heb dabei die Tasche und alles mit hoch! Auf diese Entfernung kannst du ihn nicht verfehlen. Der Schalldämpfer wird nicht nur den Knall abschwächen, sondern auch verschleiern, woher der Schuss kommt."* (Übersetzung I. u. R. Rönsch) Als er seinem Opfer gegenübersteht, erkennt Kevin, dass er nicht zum Mörder taugt. Doch seine Verweigerung hat Konsequenzen. Statt des Abgeordneten trifft es ihn nun selber. Seine Auftraggeber schießen ihm beide Knie kaputt.

Rechts: Belfast, Shankill Road. Die maskierten Männer in den schwarzen Kampfuniformen sind Angehörige der Ulster Volunteer Force.

Krieg und Frieden

Nachdem die in den sechs mehrheitlich protestantischen Nordprovinzen lebenden Katholiken vergeblich den Anschluss an die Republik herbeizuführen versucht hatten, strebten sie wenigstens ein Ende der sozialen Benachteiligung und mehr Bürgerrechte an. Die Protestanten indes glaubten mit Gewalt auf die Demonstrationen antworten zu müssen. So erstürmten sie am 12. August 1969 in Derry einen ganzen katholischen Stadtteil. Und lehrten auch in Dublin den Andersgläubigen das Fürchten. Zerstörten deren Häuser und vertrieben sie. Doch die Katholiken schlugen zurück. Innerhalb von zwei Tagen starben acht Menschen, 750 wurden verletzt. Nordirland befand sich praktisch im Bürgerkrieg. Der Premierminister rief die britische Armee zu Hilfe, die die Ruhe wieder herstellte.

Doch diese war trügerisch. Die Katholiken nahmen den Briten, die sich durch die wiedererstarkte IRA zu etlichen umstrittenen Operationen veranlasst fühlten, ihre

Links Mitte:
Kaum zu glauben, aber wahr: Die Kanonen auf der Stadtmauer von Derry kamen nie zum Einsatz.

Links:
Kein anderer Autor in Irland verkörpert – mit seinem Leben und seinem Werk – den Kampf der IRA so explizit wie Brendan Behan.

Neutralität nicht lange ab. Im Januar 1971 tötete die IRA den ersten britischen Soldaten. Sieben Monate später begann das Militär auf bloßen Verdacht hin Menschen zu internieren. Mit dem Bloody Sunday am 30. Januar 1972, als in Derry englische Fallschirmjäger unter größtenteils jugendlichen katholischen Demonstranten ein Blutbad anrichteten, erreichte die Spirale der Gewalt einen traurigen Höhepunkt, von dem es scheinbar kein Zurück mehr gab. Was sich änderte, waren die Methoden des Tötens. Während die IRA weiterhin auf Bomben setzte, orientierten sich die protestantischen Paramilitärs zunehmend auf die Liquidierung von Zivilpersonen.

Dass es 1994, nach einem Vierteljahrhundert Angst und Schrecken, doch zu einem – brüchigen – Waffenstillstand kam, grenzte an ein Wunder. Erst recht das Friedensabkommen vom Karfreitag 1998. Nicht nur die Wunden, auch das Misstrauen sind tief und schmerzlich. Bevor die Matrix des Krieges in den Köpfen und Herzen der Menschen gelöscht ist, dürfte viel Zeit vergehen. Jeder der 1,7 Millionen Einwohner Nordirlands muss seinen eigenen Frieden schließen.

Dieses Gemälde in Derry dokumentiert den Ausbruch des Bürgerkrieges am 5. Oktober 1969, als sich die Bewohner des Katholikenviertels Bogside eine tagelange Schlacht („Battle of the Bogside") mit der – protestantischen – Polizei lieferten.

Eine der – vielen – Legenden weiß, dass die etwa 40 000 Basaltsäulen des Giant's Causeway ein Werk des Fionn mac Cumhaill sind, der seiner auf den Hebrideninsel Staffa lebenden Geliebten eine Brücke bauen wollte, damit sie trockenen Fußes zu ihm nach Ulster gelangen konnte.

Seite 208/209: Dunluce Castle gilt als schönste Burgruine Nordirlands. Besiegt wurde es im Jahre 1639. Und zwar nicht durch feindliche Truppen, sondern durch die See, die einen Teil des Felsens unterspülte und die Küche samt den Köchen sowie einen weiteren Gebäudeteil verschlang.

Linke Seite: Gelegenheit zur Mutprobe vor faszinierender Kulisse: die Carrick-a-Rede Rope Bridge bei Ballintoy. Die 20 Meter lange schwankende Seilbrücke führt in rund 30 Metern Höhe über den Abgrund.

Küstenimpressionen bei Ballintoy. Der im 16. Jahrhundert gegründete kleine Fischerort an der Causeway Coast kann sich eines malerischen Hafens rühmen, dessen Anblick die Anfahrt auf schmaler, kurvenreicher Straße lohnt.

Seite 212/213: Der Eigentümer dieses Cottage an der White Park Bay kann sich an einer herrlichen Umgebung samt einem der größten und schönsten Sandstrände der Region erfreuen.

Da die Straße zum Torr Head so schmal ist, dass zwei entgegenkommende Autos ihre Schwierigkeiten haben, bedarf es gewisser Fahrkünste. Doch die fantastische Aussicht (wenn das Wetter mitspielt, kann man bis zum Mull of Kintyre in Schottland schauen) entschädigt für alles.

Muster einer Landschaft. Gemacht aus dem hellen Grün der Wiesen und dem dunklen der Bäume. Zu finden in der Nähe der winzigen Ortschaft Knocknacarry.

Blick über die Bucht auf Cushendun. Der Hauptort von Glendun, einem der legendären neun Täler der Glens of Antrim, besteht aus einer lang gestreckten Häuserzeile, die komplett unter Denkmalschutz steht.

Die mächtige Burg von Carrickfergus hatte die Aufgabe, die Schifffahrtswege ins benachbarte Belfast zu schützen. Sie wurde Ende des 12. Jahrhunderts errichtet. Bauherr war der normannische Eroberer John de Courcy (1160–1219).

Blick von der Dachkuppel der Victoria Square Shoppingmall auf die Innenstadt von Belfast. Das noble Einkaufszentrum beherbergt über 50 Geschäfte, Restaurants und Cafés.

Neue Kunst vor alter Kulisse. Auch wenn in Belfast Tradition nach wie vor großgeschrieben wird, trifft man im städtischen Zentrum auch auf moderne Kunstwerke.

Ganz links:
Bittles Bar in dem schönen Backsteingebäude ist eine Institution in Belfast. Hier schmecken nicht nur das Bier und der Whiskey, sondern auch die Speisen.

Links:
Wie sehr Belfast als einer der Hauptschauplätze des Bürgerkrieges darum bemüht ist, nicht nur sein Image aufzubessern, sondern auch sein Aussehen zu verändern, spürt man vor allem an der neuen Hafenbebauung am Rande der Innenstadt.

Ganz links:
Das von Frank Matcham, dem bedeutendsten Theater-Architekten seiner Zeit, entworfene Grand Opera House in Belfast wurde 1895 eröffnet. Nach dem Zweiten Weltkrieg zwei Jahrzehnte lang als Kino genutzt, sollte es eigentlich abgerissen werden, wurde dann aber 1980 nach umfassender Restaurierung neueröffnet.

Links:
Das Anfang der 70er-Jahre des 20. Jahrhunderts errichtete Hotel Europa genießt den zweifelhaften Ruf, das am meisten von Anschlägen – exakt waren es 28 Bombenexplosionen – betroffene Hotel auf dem Kontinent zu sein.

Linke Seite:
Die Fassade der 1906 ihrer Bestimmung übergebenen City Hall, Belfasts Rathaus, wird durch vier Türme und eine große Kuppel geprägt. Die Pläne für den imposanten Bau im Stil der Neorenaissance lieferte Sir Alfred Brumwell Thomas.

Links:
Schon das Entrée ist eine Augenweide: Blick in die mit schwarz-weißem Marmor verkleidete Eingangshalle der City Hall.

Seite 220/221:
Grüner Überschwang. Farmlandschaft bei Kilkeel. Padraic Colum (1881–1972), der neben W. B. Yeats bedeutendste irische Lyriker, lässt sein „Wiegenlied" draußen auf dem Feld beginnen:
„Ihr Hirten vom Feld, kommt leise herein, kommt leise, leise, sehr sanft sollt ihr sein …"

Atlantischer Ozean
SCHOTTLAND
NORDIRLAND
REPUBLIK
IRLAND
WALES
Irische See
Sankt-Georgs-Kanal
Malin Head
Malin
Horn Head
Inishowen
Buncrana
Mussenden Temple
Giant's Causeway
Rathlin I.
Portrush
Ballycastle
Coleraine
Gortahork
Milford
Aran I.
Derry-veagh Mts.
Glenveagh N.P.
Letter-kenny
Grianan of Aileach
Limavady
London-derry
Bally-money
Red Arch
Garron Tower
Antrim Mts.
Lifford
Strabane
Ballymena
Larne
St. Columbkille
Folk Village Museum
Glencolumbkille
One Man's Pass
Blue Stack Mts.
Killybegs
Donegal
Ballyclare
Newtown-abbey
Antrim
Cooks-town
Lough Neagh
Omagh
Donegal Bay
Creevykeel Court Cairn
Bally-shannon
Bangor
New-townards
Belfast
The Arches
Downpatrick Head
Doonamo Fort
Mullet Peninsula
Ceide Fields
Lissadell House
Drumcliff
Lower Lough Erne
Monastic Ruins
Dungannon
Lisburn
Giant's Ring
Castle Espie Centre
Portadown
Sligo
Bangor
Ballina
Innisfree
Enniskillen
Navan Fort
Armagh
Banbridge
Killyleagh
Ards Peninsula
Audley's Castle
Downpatrick
Achill I.
Keel
Nephin Beg Range
Errew Abbey
Heapstown Cairn
Monaghan
Cathedral Rocks
Charles-town
Boyle
Leitrim Heritage Centre
Castle-blayney
Newry
St. John's Point
Warren-point
Maggie's Leap
Clare I.
Clew Bay
Newport
Westport
Castlebar
Carrick-on-Shannon
Cavan
Dundalk
Inishturk I.
Inishark I.
Partry Mts.
Claremorris
Castlerea
Bailie-borough
Carrick-macross
Strokestown Park
Connemara N.P.
Clifden
Lough Mask
Roscommon
Longford
Dunleer
Monasterboice
Hill of Slane
Drogheda
Ashford Castle
Tuam
Castlestrange Stone
Kells
Knowth
Newgrange
Slyne Head
Connemara
Lough Corrib
Aughnanure Castle
Lough Ree
Navan
Mullingar
Hill of Tara
Carna
Rosmuck
Trim
Skerries
Athlone
Galway
Ballinasloe
Swords
Malahide
Clara
Inishmore I.
Galway Bay
Dún Aengus Fort
Loughrea
Clonmacnoise
Tullamore
Edenderry
Leixlip
Dublin
Thoor Ballylee
Dún Conor
Aran Islands
Rathcoole
Portumna
Hill of Allen
Portarlington
Naas
Kilmacduagh Monastery
Cliffs of Moher
Kildare
Bray
Ennistymon
Lough Derg
Birr
St. Ciaran's Bush
Russborough House
Portlaoise
Wicklow Mts.
Ennis
Craggaunowen Project
Roscrea
Glendalough
The Devil's Glen
Nenagh
Abbeyleix
Wicklow
Templemore
Bunratty Castle
Kilrush
Carlow
Avondale Forest Park
Tullow
Loop Head
Limerick
Shannon
Thurles
Arklow
Kerry Head
Listowel
Newcastle West
Kilkenny
Gorey
Tipperary
Cashel
The Water Garden
Tralee
Enniscorthy
Dingle
Dingle
Castleisland
Cahir
Clonmel
Carrick-on-Suir
New Ross
Killorglin
Anne's Grove Gardens
Curraghmore Gardens
Wexford
Ring of Kerry
Killarney
Mallow
Waterford
Johnstown Castle
Rosslare Harbour
Valencia I.
Cahirciveen
Gap of Dunloe
Killarney N.P.
Fermoy
Tramore
Iveragh
Derrynasaggart Mts.
Dungarvan
Hook Head
Carnsore Point
Sneem
Macroom
Derrynane National Historic Park
Derreen Gardens
Cork
Youghal
Beara
Glengarriff
Cobh
Dursey I.
Bantry
Bandon
Kinsale
Sheep's Head
Charle's Fort
Skibbereen
Clonakilty
Mizen Head
Old Head of Kinsale
Cape Clear

In der gleichen Reihe erschienen:

SKANDINAVIEN
NORWEGEN. FINNLAND. SCHWEDEN.
Max Galli (Bilder), Jans-Uwe Kumpch (Text)
Sonderausgabe, Favoritenpresse 2022
24 x 30 cm, 224 Seiten, ca. 290 Abbildungen, gebunden
ISBN 978-3-96849-047-2

CORNWALL UND DER SÜDEN ENGLANDS
Tina und Horst Herzig (Bilder), Stefan Blank (Text)
Sonderausgabe, Favoritenpresse, 2021
24 x 30 cm, 224 Seiten, ca. 350 Abbildungen, gebunden
ISBN 978-3-96849-019-9

Impressum

Buchgestaltung
www.hoyerdesign.de

Karte
Fischer Kartografie, Aichach

Repro: Artilitho snc, Lavis-Trento, Italien
www.artilitho.com

Genehmigte Lizenzausgabe für die Favoritenpresse, 2022
Die Favoritenpresse ist ein Imprint der Verlagsagentur
Bodo von Hodenberg
ISBN 978-3-96849-046-5

Bildnachweis
Coverabbildung: Dunluce Castle ©Karl-Heinz Raach
Alle Bilder von Karl-Heinz Raach,
mit Ausnahme der folgenden:
Seite 117 (großes Bild): Thomas Glaser/pixelio.de
Seite 117 (kleines Bild oben): Frank Ferguson/iStockphoto.com
Seite 205 (Bild oben rechts): Wikimedia Commons

Druck vermittelt durch:
Couleurs Print & More GmbH
couleurs-print.com

Unser gesamtes Programm finden Sie unter:
www.favoritenpresse.de